Lösungen zu allen Aufgaben

Textaufgaben verstehen und anwenden 4. Schuljahr

Lösungen zu den

Lösungen zu den Seiten 8 – 23

Kapitel 1

1 40 DM · 5 = **200 DM**; 50 DM · 7 = **350 DM** 12 · 4 = 48 DM Σ 598 DM

2 80 Pf · 3 = 240 Pf; 90 Pf · 6 = 540 Pf;
240 Pf + 540 Pf = 780 Pf = **7,80 DM**

3 35 Pf · 6 = 210 Pf; 75 Pf · 5 = 375 Pf; 210 Pf + 375 Pf = 585 Pf;
10,00 DM – 5,85 DM = **4,15 DM**

4 15 DM · 7 = 105 DM; 5 DM · 7 = 35 DM;
105 DM + 35 DM + 85 DM = **225 DM**;
15 DM + 5 DM = 20 DM; 20 DM · 7 = 140 DM;
140 DM + 85 DM = **225 DM**

5 b) 54 DM : 9 = **6 DM** (Spielwarengeschäft Großmann)

6 160 DM : 8 = 20 DM; 20 DM + 12 DM = **32 DM** (Kosten pro Person)

7 144 DM : 8 = 18 DM; 120 DM : 8 = 15 DM; 18 DM – 15 DM = **3 DM**

8 750 Pf : 5 = 150 Pf; 560 Pf : 4 = 140 Pf; 150 Pf – 140 Pf = **10 Pf**
(Supermarkt)

9 b) 42 DM : 3 = **14 DM** (Herr Neudert)

10 a) 600 l : 20 l = **30** (Kannen); b) 600 l : 10 l = **60** (Tage)

11 84 m : 7 m = 12; 12 B + 1 B = 13 B; 13 B · 2 = **26 Bäume**

12 12 DM · 4 = **48 DM** (8 kg Farbe); 12 DM · 5 = **60 DM** (10 kg Farbe)

13 150 Pf · 4 = 600 Pf = **6 DM** (Frau Uhlmann);
Zusatzaufgabe: **7,50 DM**; **9,00 DM**; **10,50 DM**; **15,00 DM**

14 99 Pf : 33 Pf = 3; 5 K · 3 = **15 Kugeln** (Ilse)

15 b) 15 N : 3 N = 5; 90 Pf : 5 = **18 Pfennig** (3 Nadeln)

16 a) 1 000 g : 200 g = 5; 800 Pf : 5 Pf = 160 Pf = 1,60 DM (Frau Müller)
b) 1 000 g : 250 g = 4; 800 Pf : 4 = 200 Pf = **2 DM** (Frau Bertram)

Lösungen zu den Seiten 25 – 26

Testarbeit A

1.	a) 15 Pf · 3 = **45 Pf** b) 15 Pf · 5 = **75 Pf** c) 15 Pf · 8 = **120 Pf**	3 P.
2.	96 Pf : 3 = **32 Pf** (ein Schokoladenei)	1 P.
3.	a) 40 Pf : 20 Pf = **2** b) 60 Pf : 20 Pf = **3** c) 80 Pf : 20 Pf = **4**	3 P.
4.	a) 27 DM : 9 DM = **3** b) 45 DM : 9 DM = **5** c) 90 DM : 9 DM = **10**	3 P.
5.	15 km · 3 = 45 km; 55 km – 45 km = **10 km**	2 P.
6.	500 g : 250 g = 2; 10 DM : 2 = **5 DM** (250 g Schinken)	2 P.
	Du hast **gut** gerechnet, wenn du **9 – 14** Punkte erreicht hast! Wenn du **weniger als 7 Punkte** erzielt hast, so bitte ich dich, die Aufgaben des 1. Kapitels **noch einmal** durchzurechnen!	14 P.

Testarbeit B

1.	45 Pf · 5 = 225 Pf = **2,25 DM**; 45 Pf · 8 = 360 Pf = **3,60 DM**; 45 Pf · 10 = 450 Pf = **4,50 DM**	3 P.
2.	76 km : 4 = **19 km** (in einer Stunde)	1 P.
3.	a) 60 DM : 30 DM = **2** (m Stoff); 90 DM : 30 DM = **3** (m Stoff)	2 P.
4.	a) 70 Pf · 2 = **140 Pf** b) 70 Pf · 3 = **210 Pf** c) 70 Pf · 4 = **280 Pf**	3 P.
5.	2 + 3 + 2 + 1 = 8; 8 : 4 = 2; **Note 2**	1 P.
6.	1 000 g : 200 g = 5; 10 DM : 5 = **2 DM** (200 g Aufschnitt)	1 P.
7.	a) 120 DM : 8 DM = **15** (Flaschen) b) 8 DM · 10 = **80 DM**	2 P.
	Hast du bei dieser Klassenarbeit **8 – 13 Punkte** erreicht? Wenn du **weniger als 6 Punkte** erzielt hast, so suche genau deine Fehler, verbessere sie und rechne die Testarbeit B **noch einmal** durch!	**13 P.**

Testarbeit C

1.	210 Kinder : 5 = **42 Kinder** (in einem Bus)	1 P.
2.	160 l : 8 l = **20** (Tage)	1 P.
3.	35 Seifen · 9 = **315 Seifen**; 28 Bürsten · 4 = **112 Bürsten**	2 P.
4.	230 DM – 150 DM = 80 DM; 80 DM : 20 DM = **4** (Monate)	2 P.
5.	a) 95 Pf · 2 = 190 Pf = **1,90 DM**	
	b) 95 Pf · 3 = 285 Pf = **2,85 DM**	
	c) 95 Pf · 5 = 475 Pf = **4,75 DM**	3 P.
	Du solltest bei dieser Probe **6 – 9 Punkte** erreicht haben!	**9 P.**

Testarbeit D

1.	85 km + 105 km = 190 km; 270 km – 190 km = 80 km; 80 km : 20 km = **4**	3 P.
2.	a) 4800 Pf : 20 = 240 Pf; 240 Pf · 10 = **2400 Pf**	
	b) 24 DM : 2 = **12 DM**	3 P.
3.	70 kg · 9 = 630 kg; 55 kg · 4 = 220 kg; 630 kg + 220 kg = 850 kg; 1000 kg – 850 kg = 150 kg; 150 kg : 50 kg = **3** (Kisten Orangen)	5 P.
4.	40 DM : 2 DM = 20; 50 g · 20 = 1000 g = **1 kg**	2 P.
5.	130 km · 3 = 390 km; 690 km – 390 km = 300 km; 300 km : 2 = 150 km; 150 km – 130 km = **20 km** (mehr pro Tag)	4 P.
6.	a) 200 g : 100 g = 2; 440 Pf : 2 = 220 Pf = **2,20 DM**	
	b) 200 g : 50 g = 4; 440 Pf : 4 = 110 Pf = **1,10 DM**	
	c) 200 g : 40 g = 5; 440 Pf : 5 = 88 Pf = **0,88 DM**	3 P.
	Du hast erfolgreich gearbeitet, wenn du **14 – 20 Punkte** erreicht hast.	**20 P.**

Wenn du **weniger als 10 Punkte** erzielt hast, so musst du prüfen, ob du auch das Zusammenzählen, Abziehen, Malnehmen und Teilen richtig beherrschst.

Lösungen zu den Seiten 28 – 40

Kapitel 2

1 15 F · 4 = 60 F; 50 Pf + 20 Pf = 70 Pf; 70 Pf · 60 = 4 200 Pf;
20 Pf · 54 = 1 080 Pf; 4 200 Pf – 1 080 Pf = 3 120 Pf = **31,20 DM**

2 23 Pf · 6 = 138 Pf; 60 Pf · 3 = 180 Pf; 120 Pf · 4 = 480 Pf;
240 Pf · 4 = 960 Pf; 138 Pf + 180 Pf + 480 Pf + 960 Pf =
1 758 Pf = 17,58 DM (Gesamtpreis);
20 DM – 17,58 DM = **2,42 DM**

3 165 l + 135 l + 42 l = 342 l; 342 l : 3 = 114 l; 1,65 hl – 1,14 hl = **0,51 hl**;
1,35 hl – 1,14 hl = 0,21 hl = **21 l**

4 a) 3 600 l – 2 675 l = **925 l** b) 2 675 l : 5 = **535 l** c) 3 600 l : 6 = **600 l**

5 a) 320 cm : 8 = **40 cm** b) 320 cm : 20 cm = **16** (Stücke)
c) 320 cm – 40 cm = 280 cm; 280 cm : 7 = **40 cm**

6 a) 15 mm · 4 = 60 mm; 180 mm · 3 = 540 mm;
60 mm + 540 mm = **600 mm**
b) 15 mm · 8 = 120 mm; 152 cm – 12 cm = 140 cm;
140 cm : 7 = **20 cm**

7 a) 74 500 m + 86 300 m + 95 200 m = 256 000 m;
336 km – 256 km = **80 km**
b) 336 km : 4 = **84 km** c) 84 km : 7 = **12 km**

8 a) 460 m · 10 = 4 600 m; 340 m · 10 = 3 400 m;
4 600 m + 3 400 m = **8 000 m**; 460 m + 340 m = 800 m;
800 m · 10 = 8 000 m = **8 km**
b) 4 600 m – 3 400 m = **1 200 m**; 460 m – 340 m = 120 m;
120 m · 10 = **1 200 m**

9 a) 370 g + 120 g = 490 g (linke Schale); 650 g – 120 g = **530 g** (rechte Schale)
b) 530 g – 490 g = 40 g; 40 g : 2 = **20 g**

10 3 750 kg – 1 500 kg = 2 250 kg; 2 250 kg : 9 = **250 kg** (Eisenträger)

11 40 kg · 7 = 280 kg; 500 kg – 280 kg = 220 kg;
220 kg : 20 kg = **11** (Kisten)

12 20 min + 360 min = 380 min; 380 min : 20 min = 19; **20 Züge**

13 160 m · 60 = 9 600 m; 3 m · 60 = 180 m; 180 m · 60 = 10 800 m;
9 600 m + 10 800 m = 20 400 m; 22 000 m – 20 400 m = 1 600 m = **1,600 km**
Heinz: 9,600 km/h; Horst: 10,800 km/h

Lösungen zu den Seiten 43 – 44

Testarbeit A

1.	Kurt: 240 min + 10 min – 30 min = 220 min = **3 h 40 min**	2 P.
	Maria: 300 min + 5 min – 30 min = 275 min = **4 h 35 min**	2 P.
2.	850 kg + 1 025 kg + 310 kg = 2 185 kg = **2,185 t**	1 P.
3.	205 Pf · 5 = 1 025 Pf = **10,25 DM** (Spargeld von Elfi)	1 P.
4.	160 kg : 8 = **20 Kg** (Gewicht eines Sackes)	1 P.
5.	50 cm · 3 = 150 cm; 705 cm – 150 cm = 555 cm = **5,55 m**	2 P.

Sicher hast du bei dieser Arbeit **6 – 9 Punkte** erreicht! Wenn du **weniger als 5 Punkte** erzielt hast, so bitte ich dich, alle Aufgaben des 2. Kapitels **noch einmal** durchzurechnen! **9 P.**

Testarbeit B

1.	2 min 30 s = 150 s; 8 T · 150 = **1 200 Tabletten**	2 P.
2.	30 l · 30 = 900 l; 3 500 l – 900 l = 2 600 l = **26 hl**	2 P.
3.	50 m · 40 = 2 000 m; 70 m · 80 = 5 600 m; 7 600 m = **7,600 km**	3 P.
4.	420 Pf · 5 = 2 100 Pf = **21 DM** (Taschengeld von Doris)	1 P.
5.	5,60 hl = 560 l; 560 l : 40 1 = **14** (Kannen Milch)	1 P.
6.	3 200 g – 2 600 g = 600 g; 600 g : 2 = **300 g**	2 P.

Du hast gut gerechnet, wenn du **8 – 11 Punkte** erzielt hast! Wenn du **weniger als 5 Punkte** erreicht hast, so solltest du die Testarbeit B **noch einmal** durchrechnen. Überlege auch, ob du das Einmaleins sicher beherrschst! **11 P.**

Testarbeit C

1. 450 cm : 50 cm = 45 dm : 5 dm = **9** (Stücke) — 1 P.
2. 45 mm · 7 = 315 mm; 2 400 mm – 315 mm = 2 085 mm = **2,085 m** — 2 P.
3. 2 500 m · 4 = 10 000 m = **10,000 km** (in 4 Tagen) — 1 P.
4. April: 30 Tage; 750 Pf · 30 = 22 500 Pf = **225 DM** — 1 P.
5. 950 kg + 220 kg + 40 kg = 1 210 kg; 1 800 kg – 1 210 kg = **590 kg** — 2 P.

Du solltest bei dieser Testarbeit **5 – 7 Punkte** erreicht haben. — **7 P.**

Testarbeit D

1. 1 000 mm + 600 mm + 840 mm + 45 mm = 2 485 mm;
   4 500 mm – 2 485 mm = 2 015 mm = **2,015 m** — 2 P.
2. 500 g · 10 = 5 000 g; 450 g · 8 = 3 600 g;
   5 000 g + 3 600 g = 8 600 g = **8,600 kg** — 3 P.
3. a) 145 l + 95 l = 240 l; 240 l : 3 = **80 l** (in jedem Behälter) — 2 P.
   b) 145 l – 80 l = **65 l** (aus 1. Behälter); 95 l – 80 l = **15 l** (aus 2. Behälter) — 2 P.
4. a) Helmut: 42 km : 3 = **14 km** (in einer Stunde) — 1 P.
   b) 42 km : 2 = 21 km; 21 km – 14 km = **7 km** (in einer Stunde) — 2 P.
5. 350 kg : 5 kg = 70; 8 DM · 70 = **560 DM** (Gesamteinnahme) — 2 P.
6. 3 DM · 5 = 15 DM; 22,50 DM – 15,00 DM = 7,50 DM
   750 Pf : 3 = 250 Pf = **2,50 DM** (Preis für 1 kg Pfirsiche) — 3 P.

Du hast recht erfolgreich gearbeitet, wenn du **11 – 17 Punkte** erreicht hast. Bei einer **geringeren** Punktzahl **als 8** solltest du alle Aufgaben des 2. Kapitels noch einmal **wiederholen!** — **17 P.**

Lösungen zu den Seiten 46 – 59

Kapitel 3

1 a) 300 km : 60 km = 5; 9 h + 5 h = 14 h; **14.00 Uhr**
b) 40 km : 2 = 20 km (in 30 min); 20 km · 3 = **60 km** (in 1 h 30 min)
c) 40 km + 60 km = 100 km; 300 km : 100 km = 3:
9 h + 3 h = 12 h; **12.00 Uhr**

2 50 kg · 12 = 600 kg; 1 670 kg + 74 kg + 56 kg + 600 kg = 2 400 kg;
3 000 kg – 2 400 kg = 600 kg; 600 kg : 100 kg = **6** (Fässer Sauerkraut)

3 9 DM · 85 = 765 DM; 7 DM · 56 = 392 DM;
765 DM + 392 DM = 1 157 DM;
1 382 DM – 1 157 DM = 225 DM; 225 DM : 5 DM = 45;
85 P + 56 P + 45 P = **186 Personen**

4 24 DM : 2 = 12 DM; 36 DM : 4 = 9 DM; 27 DM : 3 = 9 DM;
12 DM + 9 DM + 9 DM = **30 DM**

5 60 min · 9 = 540 min; 80 l · 540 = 43 200 l; 432 hl; 58 200 l
60 min · 5 = 300 min; 50 l · 300 = 15 000 l; 150 hl;
432 hl + 150 hl = **582 hl**

6 84 DM + 84 DM = 168 DM; oder: 84 DM · 2 = 168 DM; 84 DM : 2 = 42 DM;
42 DM + 42 DM + 42 DM = 126 DM; oder: 42 DM · 3 = 126 DM;
168 DM + 126 DM = 294 DM; 100 DM · 3 = 300 DM; 300 DM – 294 DM = **6 DM**

7 198 DM · 2 = 396 DM; 396 DM + 752 DM + 885 DM + 467 DM = 2 500 DM;
2 500 DM : 5 = 500 DM; 2 500 DM – 500 DM = 2 000 DM;
2 000 DM : 10 = **200 DM**

8 250 DM + 100 DM + 45 DM + 205 DM = 600 DM; 600 DM : 2 = 300 DM;
600 DM – 300 DM = 300 DM; 300 DM : 50 DM = **6** (Monate)

9 a) 77 km + 84 km + 95 km = 256 km; 416 km – 256 km = **160 km** (4. Woche)
b) 416 km : 4 = **104 km** (durchschnittlich in einer Woche)
c) 160 000 m : 7 ≈ 22 857 m ≈ **22,857 km** (tägliche Leistung in der 4. Woche)

10 350 DM + 16,50 DM + 24 DM + 9,50 DM = 400 DM;
400 DM + 40 DM = 440 DM; 440 DM : 8 = **55 DM** (Monatsrate)

11 5,30 DM + 7,20 DM + 45,50 DM = 58 DM; 50 DM · 3 = 150 DM;
150 DM – 12 DM = 138 DM; 138 DM – 58 DM = 80 DM;
80 DM : 2 = **40 DM** (Preis für einen Pullover)

12 20 DM · 50 = 1 000 DM; 27 DM · 30 = 810 DM;
50 K – 30 K – 2 K = 18 K; 19 DM · 18 = 342 DM;
810 DM + 342 DM = 1 152 DM; 1 152 DM – 1 000 DM = **152 DM**

13 200 Sch + 20 Sch = 220 Sch; 220 Sch : 4 = 55 Sch;
55 Sch – 20 Sch = **35 Sch**

14 60 DM : 2 = 30 DM; 60 DM : 4 = 15 DM; 60 DM : 5 = 12 DM;
30 DM + 15 DM + 12 DM = 57 DM; 60 DM – 57 DM = **3 DM**

Lösungen zu den Seiten 61 – 64

Klassenarbeit A

1. 420 Pf · 5 = 2 100 Pf = **21 DM** (Taschengeld im Monat) — 1 P.

2. 90 l · 6 = 540 l; 750 l – 540 l = **210 l** = 2,10 hl — 2 P.

3. a) Martin: 60 km : 30 km = **2** (Stunden)
   Ewald: 60 km : 20 km = **3** (Stunden) — 2 P.

   b) 2 h + 2 h = 4 h; 10 h – 4 h = **6 h** (für Besorgungen)
   3 h + 3 h = 6 h; 10 h – 6 h = **4 h** (für Besorgungen) — 2 P.

4. Abteilungsleiter: 30 DM · 40 = 1 200 DM (in der Woche)
   Facharbeiter: 20 DM · 40 = 800 DM (in der Woche)
   1 200 DM – 800 DM = **400 DM** (Mehrverdienst des Leiters in der Woche) — 3 P.

Du solltest bei dieser Klassenarbeit **7 – 10 Punkte** erzielt haben. Ist deine erreichte Punktzahl **geringer als 5**, so musst du dieses Kapitel noch einmal **wiederholen**! — **10 P.**

Klassenarbeit B

1. 800 G : 5 = 160 G; 800 G – 160 G = 640 G;
   640 G – 15 G = 625 G; 5 DM · 625 = **3 125 DM** (Einnahmen für Festabzeichen) — 3 P.

2. 250 km · 2 = 500 km (2. Tag); 250 km : 2 = 125 km (3. Tag);
   250 km + 500 km + 125 km = 875 km;
   1 525 km – 875 km = **650 km** — 4 P.

3. 175 DM : 7 = 25 DM (pro Meter); 25 DM · 3 = 75 DM (3 m Stoff);
   175 DM + 75 DM = **250 DM**; 2. Weg: 25 DM · 10 = **250 DM** — 2 P

4. 750 DM · 2 = 1 500 DM;
   3 500 DM + 1 500 DM + 980 DM = 5 980 DM;
   6 300 DM – 30 DM = 6 270 DM; 6 270 DM – 5 980 DM = **290 DM** (Preis für die Stehlampe) — 4 P.

5. 45 DM : 3 = 15 DM (CD);
   45 DM : 5 = 9 DM (Eintrittskarte);
   15 DM + 9 DM = 24 DM; 45 DM – 24 DM = **21 DM** (Sparbetrag) — 4 P.

Du hast mit Erfolg gearbeitet, wenn du **12 – 17 Punkte** erreicht hast. Bei einer **geringeren** Punktzahl **als 8** müsstest du dir überlegen, ob du nicht vor dem Lösen von Sachaufgaben das Zusammenzählen, Abziehen, Malnehmen und Teilen von Zahlen **gründlich** üben solltest! — **17 P.**

Klassenarbeit C

1. 45 Pf · 4 = 180 Pf; 95 Pf · 3 = 285 Pf; 45 Pf · 5 = 225 Pf;
   180 Pf + 285 Pf + 225 Pf = 690 Pf; 700 Pf – 690 Pf = **10 Pf** 5 P.

2. 100 kg : 50 kg = 2; 46 DM : 2 = 23 DM; 50 kg : 10 kg = 5;
   60 DM : 5 = 12 DM; 52 DM : 4 = 13 DM;
   23 DM + 12 DM + 13 DM = **48 DM** 4 P.

3. 165 DM · 4 = 660 DM; 1 120 DM + 916 DM + 660 DM + 574 DM = 3 270 DM;
   3 270 DM : 3 = 1 090 DM; 3 270 DM – 1 090 DM = 2 180 DM (Rest);
   2 180 DM : 10 = **218 DM** (Rate in einem Monat) 5 P.

4. 32 km · 7 = 224 km; 300 km – 224 km = 76 km;
   76 km : 2 = 38 km; 38 km – 32 km = **6 km** (mehr pro Tag) 4 P.

Du hast **gut** gearbeitet, wenn du bei dieser Klassenarbeit **12 – 18 Punkte** erreicht hast. Wenn du **weniger als 9 Punkte** erzielt hast, musst du genau nachprüfen, **welche** Fehler gemacht wurden! **18 P.**

Klassenarbeit D

1. 229,40 DM – 89,40 DM = 140 DM;
   140 DM : 20 DM = **7** (Stunden) 2 P.

2. 3 500 l : 5 = 700 l; 3 500 l – 700 l = 2 800 l (Nachfüllmenge);
   60 Pf · 2 800 = 168 000 Pf = **1 680 DM** (Preis für Nachfüllung) 3 P.

3. 2 880 km : 40 km = 72 (Stunden); 72 h : 24 h = **3** (Tage);
   Das Schiff wird 3 Tage unterwegs sein. 2 P.

4. 900 kg : 50 kg = **18** (Säcke im Laderaum des Lastkraftwagens)
   480 kg : 40 kg = **12** (Kisten im Laderaum des Lastkraftwagens) 2 P.

5. a) 12 E : 6 E = 2; 130 Pf · 2 = 260 Pf = **2,60 DM** (12 Eier)
   b) 18 E : 6 E = 3; 130 Pf · 3 = 390 Pf = **3,90 DM** (18 Eier)
   c) 60 E : 6 E = 10; 130 Pf · 10 = 1 300 Pf = **13 DM** (60 Eier) 3 P.

Du hast **erfolgreich** gearbeitet, wenn du **8 – 12 Punkte** erreicht hast. Wenn du bei dieser Klassenarbeit **weniger als 6 Punkte** bekommen hast, solltest du zur Übung alle fünf Aufgaben **noch einmal** ausrechnen ! **12 P.**

Klassenarbeit E

1. 7 DM · 40 = 280 DM; 8 DM · 30 = 240 DM; 280 DM + 240 DM = 520 DM;
   520 DM – 380 DM = **140 DM** (Gewinn) — 4 P.

2. 3 hl 25 l = 325 l; 325 l · 4 = 1 300 l; 325 l + 1 300 l= 1 625 l;
   1 625 l = **16,25 hl** (Wasser in beiden Behältern) — 2 P.

3. 570 DM – 90 DM = 480 DM; 480 DM : 2 = **240 DM** (Andrea);
   240 DM + 90 DM = **330 DM** (Sparbetrag von Susi) — 3 P.

4. 9,60 DM : 2 = 4,80 DM; 2 200 Pf : 4 = 550 Pf = 5,50 DM;
   1 000 g : 200 g = 5; 15 DM : 5 = 3 DM; 220 Pf · 5 = 1 100 Pf = 11 DM;
   4,80 DM + 5,50 DM + 3 DM + 11 DM = **24,30 DM** (Rechnungsbetrag) — 5 P.

5. 2 400 DM : 20 DM = 120; 120 Bücher; 120 B : 5 B = 24; **24 Pakete**.
   Es werden 24 Pakete mit Büchern verpackt. — 2 P.

Bei dieser Klassenarbeit solltest du **11 – 16 Punkte** erreicht haben! — **16 P.**

Klassenarbeit F

1. 123 DM · 2 = 246 DM; 42 DM · 2 = 84 DM; 84 DM · 7 = 588 DM;
   246 DM + 588 DM + 165 DM + 98 DM = 1 097 DM;
   1 200 DM – 1 097 DM = **103 DM** — 5 P.

2. 160 Pl + 20 Pl = 180 Plätze; 180 Pl : 3 = 60 Plätze (großer Bus);
   60 Pl – 20 Pl = **40 Plätze** (kleiner Bus) — 3 P.

3. 30 DM · 60 = 1 800 DM; 50 DM · 40 = 2 000 DM;
   60 K – 40 K = 20 K; 29 DM · 20 = 580 DM;
   2 000 DM + 580 DM = 2 580 DM; 2 580 DM – 1 800 DM = **780 DM**
   (Gewinn des Händlers) — 6 P.

4. a) 2 010 km – 375 km = 1 635 km (2. Woche)
      1 635 km + 562 km = 2 197 km (3. Woche)
      2 010 km + 1 635 km + 2 197 km = 5 842 km;
      6 500 km – 5 842 km = **658 km** — 4 P.
   b) 6 500 km : 4 = **1 625 km** (Fahrleistung in einer Woche) — 1 P.

Du hast **gut** gerechnet, wenn du **13 – 19 Punkte** erreicht hast! Wenn du **weniger als 9 Punkte** hast, solltest du deine Fehler suchen und die Klassenarbeit **noch einmal** durchrechnen! — **19 P.**

Klassenarbeit G

1.	45 kg · 8 = 360 kg (Orangen); 60 kg · 5 = 300 kg (Sauerkraut);	2 P.
	30 kg · 6 = 180 kg (Bananen); 360 kg + 300 kg + 180 kg = 840 kg;	2 P.
	1 200 kg – 840 kg = 360 kg; 360 kg : 40 kg = 9; **9 Kisten Äpfel**	2 P.
2.	1. Pumpe: 17 h – 8 h 30 min = 8 h 30 min; 28 hl · 8 = 224 hl;	
	28 hl : 2 = 14 hl; 224 hl + 14 hl = 238 hl;	3 P.
	2. Pumpe: 12 h – 8 h 30 min = 3 h 30 min; 36 hl · 3 = 108 hl;	
	36 hl : 2 = 18 hl; 108 hl + 18 hl = 126 hl;	3 P.
	238 hl + 126 hl = **364 hl** = 36 400 l (Fassungsvermögen des Behälters)	1 P.
3.	422 DM + 49,20 DM + 98,80 DM = 570 DM (Preis der Fotoausrüstung);	1 P.
	570 DM : 3 = 190 DM (Anzahlung);	
	570 DM – 190 DM = 380 DM (Rest);	2 P.
	380 DM : 10 = **38 DM** (Höhe einer Monatsrate)	1 P.

Du hast wieder recht **erfolgreich** gearbeitet, wenn du **12 – 17 Punkte** erreicht hast. Du rechnest aber immer noch **zufriedenstellend**, wenn du bei dieser sehr schweren Klassenarbeit mindestens **9 Punkte** erzielst. **17 P.**

Klassenarbeit H

1.	9 DM · 85 = 765 DM; 7 DM · 59 = 413 DM;	
	765 DM + 413 DM = 1 178 DM;	3 P.
	1 450 DM – 1 178 DM = 272 DM; 272 DM : 4 DM = 68; 68 Karten;	2 P.
	85 P + 59 P + 68 P = **212 Personen** (in einer Kinovorstellung)	1 P.
2.	a) 2 000 l · 2 = 4 000 l (Fassungsvermögen);	
	4 000 l – 1 464 l = **2 536 l**	2 P.
	b) 1 464 l : 3 = **488 l** = 4,88 hl (Heizölverbrauch in einem Monat)	1 P.
	c) 4 000 l : 8 = **500 l** (durchschnittlicher Verbrauch in einem Monat)	1 P.
3.	1 800 DM : 3 = 600 DM (ein Drittel des Kaufpreises vom Rad)	1 P.
	600 DM · 2 = 1 200 DM (zwei Drittel des Kaufpreises vom Rad)	1 P.
	1 800 DM – 1 200 DM = 600 DM (Betrag der Restschuld)	1 P.
	600 DM : 60 DM = 10; **10 Monate** (Zeit für die Abzahlung des Rades)	1 P.

Du bist schon ein guter Rechner, wenn du **10 – 14 Punkte** erreicht hast. Es ist auch kein Beinbruch, wenn du bei dieser sehr schweren Klassenarbeit **mindestens 7 Punkte** erzielst. Suche in jedem Fall deine Rechenfehler und verbessere die falsche Lösung der Aufgabe! Ich wünsche dir auch für das Lösen der Sachaufgaben im 4. Kapitel viel Erfolg! **14 P.**

Lösungen zu den Seiten 66 – 79

Kapitel 4

1 a) 60 min + 15 min = 75 min;
250 m · 75 = 18750 m = **18,750 km**

b) 26000 m : 250 m = 104;
104 min + 15 min = 119 min = **1 h 59 min**

2 3120 km : 4 = 780 km (Flugzeug); 24 km · 4 = **96 km** (Auto);
5 m · 60 = 300 m; 300 m · 60 = 18000 m = **18 km** (Radstrecke)

3 63060 DM – 13500 DM = 49560 DM;
49560 DM : 2 = **24780 DM** (Frau Horn);
24780 DM + 13500 DM = **38280 DM** (Herr Horn)

4 2610 DM : 3 = 870 DM; 870 DM · 2 = 1740 DM; 870 DM : 2 = 435 DM;
870 DM + 1740 DM + 435 DM = **3045 DM** (Wert der drei Münzen)

5 98 Pf · 75 = 7350 Pf; 75 kg – 5 kg = 70 kg; 70 kg : 2 = 35 kg;
150 Pf · 35 = 5250 Pf; 130 Pf · 35 = 4550 Pf;
5250 Pf + 4550 Pf = 9800 Pf;
9800 Pf – 7350 Pf = 2450 Pf = **24,50 DM** (Gewinn)

6 4 St · 5 = 20 St; 20 St · 3 = 60 St; 5 M – 2 M = 3 M;
4 St · 3 = 12 St; 12 St · 4 = 48 St; 60 St + 48 St = **108 Stühle**

7 56 T : 7 = 8 T; 8 T : 2 T = 4; 4 h; 7 M – 3 M = 4 M;
24 T : 4 = 6 T; 6 T : 2 T = 3; 3 h; 4 h + 3 h = 7 h; **7 Stunden**

8 a) 240 cm + 160 cm + 240 cm + 160 cm = 800 cm = 8 m;
1550 Pf · 8 = 12400 Pf; **124 DM** (Preis der Umrandung)

b) 140 DM – 124 DM = 16 DM; 16 DM : 8 = **2 DM** (Mehrpreis für 1 m)

9 10 h 5 min – 9 h 15 min = 50 min; 85000 m : 50 = 1700 m;
1700 m · 60 = 102000 m = **102 km** (in einer Stunde)

10 Weg A: 3360 Pf : 6 = 560 Pf;
560 Pf · 18 = 10080 Pf = 100,80 DM

Weg B: 18 Fl : 6 Fl = 3;
3360 Pf · 3 = 10080 Pf = **100,80 DM**

11 Weg A: 900 Pf : 6 = 150 Pf; 150 Pf · 15 = 2250 Pf = 22,50 DM
Weg B: 900 Pf : 2 = 450 Pf; 450 Pf · 5 = 2250 Pf = **22,50 DM**

12 a) 27 km : 9 km = 3; 60 min : 3 = 20 min;
9.10 Uhr + 20 min = **9.30 Uhr**

b) 30 min : 10 min = 3; 9 km : 3 = 3 km; 27 000 m : 60 = 450 m;
450 m · 10 = 4 500 m; 3 000 m + 4 500 m = 7 500 m;
9 000 m – 7 500 m = **1 500 m**

13 a) 200 m · 20 = 4 000 m;
19 000 m – 4 000 m = 15 000 m = **15 km**

b) 60 min – 20 min = 40 min;
15 000 m : 40 = **375 m** = 0,375 km

14 a) 12 480 m : 4 m = 3 120; 3 120 s : 60 s = 52; 52 min;
11.10 Uhr + 52 min = **12.02 Uhr**

b) 12 480 m : 8 m = 1 560; 1 560 s : 60 s = 26; 26 min;
11.40 Uhr + 26 min = **12.06 Uhr**

Lösungen zu den Seiten 81 – 84

Klassenarbeit A

1. a) x + 1315 = 3715 + 4879; 3715 + 4879 = 8594;
   8594 – 1315 = **7279** 2 P.
   b) (9489 – 8449) · 12 = x; 9489 – 8449 = 1040;
   1040 · 12 = **12480** 2 P.

2. 15,47 DM + 8,53 DM = 24 DM; 24 DM : 2 = 12 DM;
   15,47 DM – 12 DM = **3,47 DM** 3 P.

3. 80 hl = 8000 l; 8000 l · 5 = 40000 l; 420 hl = 42000 l;
   42000 l – 40000 l = **2000 l** = 20 hl (fehlende Wassermenge) 2 P.

4. Weg A: 21200 Pf : 8 = 2650 Pf; 17120 Pf : 8 = 2140 Pf;
   2650 Pf – 2140 Pf = 510 Pf= **5,10 DM**
   Weg B: 21200 Pf – 17120 Pf = 4080 Pf;
   4080 Pf : 8 = 510 Pf = **5,10 DM** 2 P.

5. 2350 DM – 750 DM = 1600 DM (Restbetrag)
   1600 DM : 200 DM = 8; **8 Monate** 2 P.

Du solltest bei dieser Klassenarbeit **9 – 13 Punkte** erreicht haben! **13 P.**

Klassenarbeit B

1. a) 874 · 9 – 1793 · 4 = x; 874 · 9 = 7866; 1793 · 4 = 7172;
   7866 – 7172 = **694** 3 P.
   b) 6410 + 473 · 6 – 120 : 6 = x; 473 · 6 = 2838;
   6410 + 2838 = 9248; 120 : 6 = 20; 9248 – 20 = **9228** 4 P.

2. 135 DM · 2 = 270 DM; 96 DM · 4 = 384 DM;
   270 DM + 287 DM + 384 DM = 941 DM;
   7350 DM + 941 DM = 8291 DM; 8291 DM – 325 DM = 7966 DM;
   8500 DM – 7966 DM = **534 DM** (Restbetrag) 6 P.

3. 725 Pf · 60 = 43500 Pf = **435 DM** (Rechnungsbetrag) 1 P.

4. 8 DM · 200 = 1600 DM (1. Platz);
   6 DM · 250 = 1500 DM (2. Platz) 2 P.
   1600 DM + 1500 DM = 3100 DM;
   3600 DM – 3100 DM = 500 DM (3. Platz) 2 P.
   500 DM : 100 = **5 DM** (Eintrittskarte für den 3. Platz) 1 P.

5. 80 kg · 6 = 480 kg (Äpfel); 25 kg · 7 = 175 kg (Zitronen); 2 P.
   545 kg + 480 kg + 175 kg = 1200kg; 1500kg – 1200kg = 300 kg; 2 P.
   300 kg : 60 kg = 5; **5 Fässer** Wein 1 P.

Du hast recht **gut** gerechnet, wenn du **16 – 24 Punkte** erreicht hast. Hast du **weniger als 12 Punkte** erreicht, so bitte ich dich, genau nach deinen Fehlern zu suchen und anschließend die Klassenarbeit **noch einmal** durchzurechnen. Du wirst dann sicher Erfolg haben! **24 P.**

Klassenarbeit C

1. a) 7368 – x = 35 · 42; 35 · 42 = 1470; 7368 – 1470 = **5898** 2 P.
   b) 325 · 76 + x = 28350 : 45; 325 · 76 = 24700;
   28350 : 45 = 630; 24700 – 630 = **24070** 3 P.

2. 200 DM · 15 = 3000 DM; 3000 DM · 12 = **36000 DM** (Jahressteuer) 2 P.

3. 680 dz : 40 dz = 17; 17 Fahrten; 20 km · 17 = 340 km;
   340 km · 2 = **680 km** (Fahrstrecke mit Hin- und Rückfahrt) 3 P.

4. 45 l – 5 l = 40 l (verbrauchte Benzinmenge); 480 km : 40 = 12 km;
   12 km · 5 = **60 km** (Fahrstrecke mit Reservebenzin) 3 P.

5. 1296 DM – 280 DM = 1016 DM;
   1016 DM : 2 = **508 DM** (Kathrin);
   508 DM + 280 DM = **788 DM** (Sparbetrag von Elfi) 3P.

Hast du bei dieser Klassenarbeit **11 – 16 Punkte** erreicht? Es genügt auch, wenn du **mindestens 9 Punkte** erzielst. **16 P.**

Klassenarbeit D

1. 23657 + 23657 · 2 + x = 90468; 23657 · 2 = 47314;
   23657 + 47314 = 70971; 90468 – 70971 = **19497** (3. Zahl) 3 P.

2. 10 h 39 min + 2 h 30 min = 12 h 69 min; **13.09 Uhr** 1 P.

3. 800 g : 100 g = 8; 165 Pf · 8 = 1320 Pf; 1000 g : 250 g = 4;
   1080 Pf : 4 = 270 Pf; 200 g : 50 g = 4; 95 Pf · 4 = 380 Pf; 3 P.
   1320 Pf + 270 Pf + 380 Pf = 1970 Pf = **19,70 DM** (Kassenbetrag) 1 P.

4. a) 27 DM · 35 = **945 DM** (Selbstkostenpreis der Karotten) 1 P.
   b) 18 kg · 35 = 630 kg; 2 Pfd. · 630 = 1260 Pfd.;
   90 Pf · 1260 = 113400 Pf = 1134 DM;
   1134 DM – 945 DM = **189 DM** 3 P.

5. a) 74228 km – 73898 km = **330 km** (Ausflugsstrecke) 1 P.
   b) 330 km : 15 km = 22; **22 Liter** (Benzinverbrauch) 1 P.
   c) 160 Pf · 22 = 3520 Pf = **35,20 DM** (Ausgaben für Benzin) 1 P.

Du kannst schon recht **gut** rechnen, wenn du **10 – 15 Punkte** erreicht hast. Deine Leistung ist **zufriedenstellend**, wenn du mindestens **8 Punkte** erzielst. **15 P.**

Klassenarbeit E

1. (4 708 + 8 003) · 7 – 99 400 : 8 = x;   4 708 + 8 003 = 12 711;
   12 711 · 7 = 88 977;   99 400 : 8 = 12 425;
   88 977 – 12 425 = **76 552** — 4 P.

2. a) 300 l : 15 = **20 l** (1. Röhre);   300 l : 10 = **30 l** (2. Röhre) — 2 P.
   b) 20 l + 30 l = 50 l;   300 l : 50 l = 6;   6 Minuten;
   7.55 Uhr + 6 min = **8.01 Uhr** — 3 P.

3. a) 9 500 m · 60 = 570 000 m = **570 km** (Charter-Flugzeug)
   10 km · 60 = **600 km** (Linien-Flugzeug in einer Stunde) — 2 P.
   b) 990 km : 10 km = 99;   99 Minuten (Flugzeit: Berlin-München)
   99 min = 1 h 39 min;   18 h 30 min + 1 h 39 min = 19 h 69 min;
   20.09 Uhr — 2 P.

4. 284 M : 2 = 142 M;   284 M + 142 M = 426 Marken (Schwester Tina);
   142 M : 2 = **71 Marken**;   Probe: 426 M – 71 M = 355 Marken;
   284 M + 71 M = 355 Marken — 2 P.

Bei einer erreichten Punktzahl von **10 – 15** hast du **erfolgreich** gearbeitet. — **15 P.**

Klassenarbeit F

1. 56 487 – x = 1 708 · 23;   1 708 · 23 = 39 284;
   56 487 – 39 284 = **17 203** — 2 P.

2. Ansatz: (1 045 + 997) · (1 045 – 997) : 8 = x;
   1 045 + 997 = 2 042;   1 045 – 997 = 48;   2 042 · 48 = 98 016;
   98 016 : 8 = **12 252** (Endergebnis) — 4 P.

3. 11 h – 8 h 30 min = 2 h 30 min;
   Herr Alster: 5 200 m · 2 = 10 400 m;   5 200 m : 2 = 2 600 m;
   10 400 m + 2 600 m = 13 000 m = 13 km — 3 P.
   Herr Bertram: 5 600 m · 2 = 11 200 m;   5 600 m : 2 = 2 800 m;
   11 200 m + 2 800 m = 14 000 m = 14 km — 3 P.
   13 km + 14 km = 27 km;   34 km – 27 km = **7 km** (Entfernung) — 2 P.

4. a) Ansatz:

1. Tag		2. Tag		3. Tag		Gesamtstrecke
x	+	(x + 8)	+	(x + 8 + 8)	=	120

   3 · x = 120 – 8 – 8 – 8;   3 · x = 96;   x = 32;   **32 km** (1. Tag);
   32 km + 8 km = **40 km** (2. Tag);   40 km + 8 km = **48 km** (3. Tag)
   Probe: 32 km + 40 km + 48 km = 120 km (Gesamtstrecke) — 3 P.
   b) 48 km : 3 = 16 km (pro Stunde);   16 km : 2 = 8 km (pro halbe Stunde) — 2 P.

Du hast recht gut gerechnet, wenn du **13 – 19 Punkte** erreicht hast. — **19 P.**
Deine Leistung ist **zufriedenstellend**, wenn du mindestens **9 Punkte** erzielt hast.

Klassenarbeit G

1. 999999 – 228690 : 55 + 51098 = x; 228690 : 55 = 4158;
   999999 – 4158 = 995841; 995841 + 51098 = **1046939** 3 P.

2. a) 2150 Pf · 3 = 6450 Pf; 6450 Pf · 40 = 258000 Pf = 2580 DM;
   7760 DM – 2580 DM = 5180 DM;
   518000 Pf : 7 = 74000 Pf = **740 DM** 4 P.

   b) 74000 Pf : 40 = 1850 Pf = **18,50 DM** (Geselle pro Stunde) 1 P.

   c) 1850 Pf · 8 = 14800 Pf = **148 DM** (Geselle pro Tag) 1 P.

3. 13700 DM – 9200 DM = 4500 DM; 4500 DM : 12 = 375 DM;
   375 DM · 3 = 1125 DM; 4500 DM – 1125 DM = 3375 DM;
   3375 DM : 5 = 675 DM; 675 DM – 375 DM = **300 DM**
   (Mehrbetrag pro Monat) 6 P.

4. 1. Lösungsweg: 360 Ä : 3 = 120 Ä; 120 Ä : 15 = **8 Ä**
   8 Ä · 2 = **16 Äpfel** (für einen Jugendlichen)
   2. Lösungsweg: 15 P · 2 = 30 P; 30 P + 15 P = 45 Personen;
   360 Ä : 45 = 8Ä; 8 Ä · 2 = **16 Ä** 3 P.

Du kannst schon sehr **gut** rechnen, wenn du **12 – 18 Punkte** erreicht hast. **18 P.**

Klassenarbeit H

1. Ansatz: 14780 + (14780 : 2) + (14780 : 2) · 4 + x = 100000;
   14780 : 2 = 7390; 7390 · 4 = 29560;
   14780 + 7390 + 29560 = 51730; 100000 – 51730 = **48270** (vierte Zahl) 4 P.

2. 30 DM – 4,95 DM = 25,05 DM; 145 Pf · 9 = 1305 Pf = 13,05 DM;
   25,05 DM – 13,05 DM = 12 DM; 1200 Pf : 15 = **80 Pf** (1 Pfd. Pfirsiche) 4 P.

3. 840 Pf · 30 = 25200 Pf = 252 DM (Preis für 30 m Kleiderstoff);
   340 cm + 508 cm + 1152 cm = 2000 cm = 20 m;
   30 m – 20 m = 10 m; 70 DM : 10 = 7 DM (pro Meter);
   8,40 DM – 7,00 DM = **1,40 DM**
   Ein Meter des Stoffrestes wurde um 1,40 DM billiger abgegeben. 5 P.

4. 10200 l : 2 = 5100 l; 5100 l : 75 l = 68; 68 Minuten;
   10 h 35 min + 68 min = 10 h 35 min + 1 h 8 min = 11 h 43 min; **11.43 Uhr** 3 P.

Du hast schon **sehr gute** Erfolge im Rechnen, wenn du bei dieser sehr schweren Klassenarbeit **11 – 16 Punkte** erhalten hast. Bei einer erreichten Punktzahl **von 8** kannst du ebenfalls **zufrieden** sein. Rechne aber die Klassenarbeit **noch einmal** durch, wenn du nur bis zu **5 Punkte** erzielt hast. **16 P.**

Lösungen zu den Seiten 86 – 99

Kapitel 5

1 709 467 DM : 3 = 236 489 DM; 124 600 DM : 2 = 62 300 DM;
236 489 DM + 62 300 DM + 375 000 DM + 34 560 DM + 62 630 DM =
770 979 DM

2 125 600 DM – 95 000 DM = 30 600 DM; 30 600 DM : 18 = 1 700 DM;
1 700 DM · 12 = 20 400 DM; 30 600 DM – 20 400 DM = 10 200 DM;
10 200 DM : 4 = 2 550 DM; 2 550 DM – 1 700 DM = **850 DM**

3 a) 1 848 km : 11 km = 168; 168 min = **2 h 48 min** (Flugzeit)
b) 2 h 18 min = 138 min; 1 242 km : 138 = **9 km** (Flugstrecke in 1 Minute)
c) 2 h 48 min + 2 h 18 min = 4 h 66 min = **5 h 6 min** (gesamte Flugzeit)

4 20 St : 4 = 5 St (Käsekuchen); 5 St · 3 = 15 St (Obstkuchen);
180 Pf · 15 = 2 700 Pf; 3 450 Pf – 2 700 Pf = 750 Pf;
750 Pf : 5 = 150 Pf = **1,50 DM**

5 860 Pf : 4 = 215 Pf; 130 Pf · 3 = 390 Pf; 98 Pf · 4 = 392 Pf;
215 Pf + 390 Pf + 392 Pf = 997 Pf; 2 000 Pf – 403 Pf = 1 597 Pf;
1 597 Pf – 997 Pf = 600 Pf; 600 Pf : 3 = 200 Pf = **2 DM** (1 Tafel)

6 3 800 DM – 920 DM = 2 880 DM; 2 880 DM : 12 = 240 DM;
240 DM · 7 = 1 680 DM; 2 880 DM – 1 680 DM = 1 200 DM;
1 200 DM : 400 DM = 3; 7 M + 3 M = **10 Monate**

7 a) 4 050 g · 80 = 324 000 g; 5 400 g · 50 = 270 000 g;
3 000 g · 175 = 525 000 g; 324 kg + 270 kg + 525 kg = 1 119 kg;
2 919 kg – 1 119 kg = **1 800 kg**;
b) 1 950 kg – 1 800 kg = 150 kg; 150 kg : 3 kg = 50;
175 Fl – 50 Fl = **125 Fliesen**

8 a) 1 000 m · 18 = 18 000 m; 18 000 m : 60 = 300 m;
300 m · 80 = **24 000 m** = 24 km
b) 66 000 m – 24 000 m = 42 000 m; 42 000 m : 300 m = 140; **2 h 20 min**

9 a) 5 500 Pf – 250 Pf = 5 250 Pf; 5 250 Pf : 3 = 1 750 Pf = **17,50 DM**
b) 1 000 cm : 250 cm = 4; **4 Bahnen** (für eine Rolle Tapeten)
c) 648 cm : 54 cm = 12; **12 Bahnen** (für die ganze Wand)
d) 12 B : 4 B = 3; **3 Rollen** (für die ganze Wand)

10 4 120 hl – 1 576 hl = 2 544 hl = 254 400 l; 254 400 l : 8 l = 31 800;
31 800 s : 60 s = 530; 530 min : 60 min = 8 Rest 50; **8 h 50 min**

11 a) Weg A: 9 135 Pf : 145 Pf = 63; 63 l : 7 = 9 l; **9 Liter** (auf 100 km)
Weg B: 9 135 Pf : 7 = 1 305 Pf; 1 305 Pf : 145 Pf = 9; **9 Liter**

b) 158 Pf – 145 Pf = 13 Pf; 13 Pf · 63 = 819 Pf = **8,19 DM**

12 a) 50 Pf · 7 = 350 Pf; 350 Pf + 250 Pf + 670 Pf = 1 270 Pf
3 000 Pf – 755 Pf = 2 245 Pf; 2 245 Pf – 1 270 Pf = **975 Pf**

b) 975 Pf : 3 = 325 Pf = **3,25 DM** (Preis für 1 Glas Marmelade)

13 a) 200 l + 300 l = 500 l; 400 000 l : 500 l = 800; 800 min = **13 h 20 min**
b) 300 l – 50 l = 250 l; 400 000 l : 250 l = 1 600; 1 600 min = **26 h 40 min**

14 a) 145 000 kg – 114 760 kg = 30 240 kg; 30 240 kg : 48 kg = 630; **630 min**
b) 630 min = 10 h 30 min; 580 km · 10 = 5 800 km; 580 km : 2 = 290 km;
5 800 km + 290 km = **6 090 km** (Flugstrecke)

Lösungen zu den Seiten 101 – 111

Aufnahmeprüfung A

1. 45 609 : 3 = 15 203; 45 609 – 15 203 = 30 406;
   45 609 + 30 406 = 76 015; 133 847 – 76 015 = **57 832** (3. Zahl) — 4 P.

2. 12 h 10 min – 7 h 45 min = 4 h 25 min = 265 min;
   265 min – 30 min = 235 min;
   280 m · 235 = 65 800 m = **65,800 km** (Fahrstrecke) — 3 P.

3. 160 Pf · 75 = 12 000 Pf = 120 DM; 75 kg : 3 = 25 kg;
   190 Pf · 25 = 4 750 Pf; 120 DM + 27,50 DM = 147,50 DM;
   147,50 DM – 47,50 DM = 100 DM; 75 kg – 25 kg = 50 kg;
   100 DM : 50 = **2 DM** (Kilogrammpreis) — 7 P.

4. 25 E + 5 E = 30 E; 150 DM : 30 = **5 DM** (Kartenpreis für Erwachsene) — 2 P.

Du hast die Prüfung **gut bestanden**, wenn du **11 – 16 Punkte** erreicht hast. — **16 P.**

Aufnahmeprüfung B

1. 14 508 · 9 = 130 572; 400 768 : 8 = 50 096;
   130 572 – 50 096 = **80 476** (Unterschied oder Differenz) — 3 P.

2. a) 9 000 m : 60 = **150 m** (in einer Sekunde); 9 km · 60 = **540 km** — 2 P.
   b) 936 km : 9 km = 104; 104 min = 1 h 24 min;
   11 h 20 min + 1 h 24 min = 12 h 44 min; **12.44 Uhr** (Landezeit) — 2 P.

3. 150 Pf · 3 = 450 Pf; 960 Pf : 4 = 240 Pf;
   450 Pf + 240 Pf = 690 Pf; 690 Pf + 135 Pf = 825 Pf;
   1 000 Pf – 825 Pf = 175 Pf; 175 Pf : 35 Pf = 5;
   5 Brezen hat Mutter gekauft — 6 P.

4. 185,50 DM + 18,50 DM = 204 DM; 204 DM – 78 DM = 126 DM;
   126 DM : 9 = **14 DM** (Höhe einer Monatsrate) — 3 P.

Du hast diese Aufnahmeprüfung **gut** bestanden, wenn du **11 – 16 Punkte** erreicht hast. Deine Leistung kann **zufriedenstellen**, wenn du mindestens **8 Punkte** erzielt hast. — **16 P.**

Aufnahmeprüfung C

1. 1194 + 208 = 1402; 208 – 178 = 30; 1402 · 30 = 42060;
   522 : 6 = 87; 42060 – 87 = **41973** — 5 P.

2. a) 5000 Pl – 3740 Pl = 1260 Platten;
   90 Pl + 90 Pl = 180 Platten;
   1260 Pl : 180 Pl = **7** (Anzahl der Fahrten für jeden Lieferwagen) — 3 P.

   b) 12 DM · 5000 = **60000 DM** (Preis aller Platten) — 1 P.

3. 50 DM + 80 DM = 130 DM; 250 DM – 130 DM = 120 DM;
   120 DM : 8 = 15 DM (Hälfte des Taschengeldes);
   15 DM · 2 = **30 DM** (Taschengeld) — 4 P.

4. a) 16200 m : 6 m = 2700; 2700 s : 60 s = 45; 45 min (Fahrzeit);
   45 min + 15 min = 60 min; 10 h 5 min – 60 min = 9 h 5 min; **9.05 Uhr** — 4 P.

   b) 10 h 55 min - 10 h 5 min = 50 min; 6 m · 60 = 360 m;
   360 m · 50 = 18000 m;
   16200 m + 18000 m = 34200 m = **34,200 km** — 4 P.

Du hast die Aufnahmeprüfung mit **gutem** Erfolg bestanden, wenn du **14 – 21 Punkte** erreicht hast. Deine Leistung ist **zufriedenstellend**, wenn du mindestens **9 Punkte** erzielt hast. — **21 P.**

Aufnahmeprüfung D

1. 5408 – 783 = 4625; 4625 · 34 = 157250; 4552 : 8 = 569;
   157250 + 569 = **157819** (Endergebnis) — 4 P.

2. a) 50 m + 45 m = 95 m; 24415 m : 95 m = 257; **257 Tage** — 2 P.

   b) 257 T : 5 T = 51 Rest 2; **51 Wochen 2 Tage** — 1 P.

3. Vertreter B: 3500 DM · 3 = 10500 DM;
   Vertreter C: 10500 DM : 2 = 5250 DM
   Vertreter D: 3500 DM · 2 = 7000 DM
   3500 DM + 10500 DM + 5250 DM + 7000 DM = **26250 DM** — 4 P.

4. 12000 Pl : 4 = 3000 Plätze (Sitzplätze des Stadions)
   8 DM · 3000 = 24000 DM;
   108000 DM – 24000 DM = 84000 DM;
   84000 DM : 12000 = **7 DM** (Preis für einen Stehplatz)
   7 DM + 8 DM = **15 DM** (Preis für einen Sitzplatz) — 4 P.

Du hast **erfolgreich** gearbeitet, wenn du **10 – 15 Punkte** erreicht hast. Bei einer Punktzahl von mindestens **7 Punkten** kannst du mit deiner Leistung **zufrieden** sein. — **15 P.**

Aufnahmeprüfung E

1. a) 708 + 124 = 832; 832 · 4 = 3328; 27156 : 6 = 4526;
   3328 + 4526 = **7854**; Probe: 7854 – 3328 = 4526 — 4 P.

   b) 124507 – 89740 = 34767; 34767 · 3 = 104301;
   16965 : 15 = 1131; 104301 – 1131 = **103170** — 4 P.

2. 37 DM · 420 = 15540 DM; 18620 DM : 49 DM = 380; 380 m;
   420 m – 380 m = 40 m; 35 DM · 40 = 1400 DM;
   18620 DM + 1400 DM = 20020 DM;
   20020 DM – 15540 DM = **4480 DM** (Gewinn) — 6 P.

3. a) 8525 Pf : 55 = 155 Pf = 1,55 DM (1 Liter Normalbenzin) — 1 P.

   b) 156 Pf + 8 Pf = 163 Pf; 163 Pf · 55 = 8965 Pf; 89,65 DM
   8965 Pf – 8525 Pf = 440 Pf = 4,40 DM
   Kurzer Weg: 8 Pf · 55 = 440 Pf = **4,40 DM** (Teuerung) — 1 P.

4. 15 cm · 16 = 240 cm; 240 cm · 7 = 1680 cm;
   12 cm · 58 = 696 cm;
   1680 cm + 696 cm = 2376 cm = **23,76 m** (Gesamthöhe der Treppe) — 4 P.

Du hast **gut** gerechnet, wenn du **13 – 20 Punkte** erreicht hast. — **20 P.**

Aufnahmeprüfung F

1. 15204 – 13798 = 1406; 522 : 6 = 87; 1406 · 87 = **122322** — 3 P.

2. 1800 km : 100 km =18; 9 l · 18 = 162 l
   150 Pf · 162 = 24300 Pf = 243 DM; 75 DM · 3 = 225 DM,
   243 DM – 225 DM = **18 DM** (Zuschuss von Herrn Lange) — 5 P.

3. a) 15 h 57 min – 14 h 43 min = 1 h 14 min = 74 min;
   74 min – 2 min = 72 min; 144 km : 72 = 2 km;
   2 km · 60 = **120 km** — 4 P.

   b) 24 Pf · 144 = 3456 Pf; 34,56 DM + 10 DM = **44,56 DM** — 2 P.

4. Ansatz: x + (x + 500) + (x + 500 + 500) = 4500
   4500 m – 500 m – 500 m – 500 m = 3000 m;
   3000 m : 3 = 1000 m; **1000 m** (1. Tag);
   1000 m + 500 m = **1500 m** (2. Tag);
   1500 m + 500 m = **2000 m** (3. Tag)
   Probe: 1000 m + 1500 m + 2000 m = 4500 m = 4,500 km — 5 P.

Du hast **überzeugend** gearbeitet, wenn du **12 – 19 Punkte** erreicht hast. — **19 P.**
Bei einer Punktzahl von mindestens **9 Punkten** ist deine Leistung noch **zufriedenstellend.**

Aufnahmeprüfung G

1. 626760 : 8 = 78345; 7408 – 3590 = 3818; 3818 · 15 = 57270;
   78345 + 57270 = **135615** (Endergebnis) 4 P.

2. a) 120 Pf · 50 = 6000 Pf; 6000 Pf : 40 = 150 Pf = **1,50 DM** (1990) 2 P.
   b) 1,50 DM – 1,20 DM = 0,30 DM;
   30 Pf · 40 = 1200 Pf = **12 DM**; oder: 120 Pf · 40 = 4800 Pf;
   6000 Pf – 4800 Pf = 1200 Pf = 12 DM 2 P.

3. a) 180 K + 20 K = 200 K; 200 K : 5 = **40 Kinder** (großer Bus)
   40 K – 10 K = **30 Kinder** (kleiner Bus);
   40 K + 40 K + 40 K + 30 K + 30 K = 180 K 3 P.
   b) 192 DM · 3 = 576 DM; 15750 Pf · 2 = 31500 Pf = 315 DM;
   576 DM + 315 DM = 891 DM;
   89100 Pf : 180 = 495 Pf = **4,95 DM**
   Jedes Kind muss 4,95 DM für Fahrtkosten bezahlen. 4 P.

Du hast die Aufnahmeprüfung **gut** bestanden, wenn du **10 – 15 Punkte** erreicht hast. Deine Leistung ist **zufriedenstellend**, wenn du mindestens **8 Punkte** erzielt hast. **15 P.**

Aufnahmeprüfung H

1. a) Ansatz: x + (5989 – 2509) : 6 = 156 · 8;
   5989 – 2509 = 3480; 3480 : 6 = 580;
   156 · 8 = 1248; 1248 – 580 = **668** 4 P.
   Probe: 668 + 580 = 1248; 156 · 8 = 1248
   b) Ansatz: (15608 – 12307) – x = 1335 : 15;
   15608 – 12307 = 3301; 1335 : 15 = 89; 3301 – 89 = **3212**; 3 P.
   Probe: 3301 – 3212 = 89

2. 61560 Pf : 3 = 20520 Pf = **205,20 DM** (älterer Bruder Bernd)
   61560 Pf – 20520 Pf = 41040 Pf; 2 Teile + 1 Teil = 3 Teile;
   41040 Pf : 3 = 13680 Pf = **136,80 DM** (Betrag für Julia);
   13680 Pf · 2 = 27360 Pf = **273,60 DM** (Betrag für Martin) 4 P.

3. a) 25 hl + 32 hl = 57 hl (Leistung beider Zuflussröhren);
   456 hl : 57 hl = 8; **8 Stunden** 2 P.
   b) 25 hl · 8 = 200 hl = 20000 l; 60 min : 30 min = 2;
   2500 l : 2 = 1250 l; 20000 l + 1250 l = 21250 l;
   45600 l – 21250 l = **24350 l** = 243,50 hl (fehlende Menge) 4 P.

Du hast **gut** gerechnet, wenn du **12 – 17 Punkte** erreicht hast. Wenn du mindestens **8 Punkte** erzielt hast, dann sind deine Ergebnisse noch **zurfriedenstellend.** **17 P.**

Aufnahmeprüfung I

1. Ansatz: $(16 + 42) \cdot x = 115\,391 - 45269$;
   $115\,391 - 45\,269 = 70\,122$; $16 + 42 = 58$; $70\,122 : 58 =$ **1 209** — 3 P.
   Probe: $58 \cdot 1\,209 = 70\,122$; $70\,122$

2. Ansatz: $(x \cdot 8 : 250) + 9\,888 = 10\,000$;
   $10\,000 - 9\,888 = 112$; $112 \cdot 250 = 28\,000$; $28\,000 : 8 =$ **3 500** — 3 P.
   Probe: Linke Seite: $3\,500 \cdot 8 : 250 + 9\,888 = 10\,000$;
   Rechte Seite: $10\,000$

3. a) 640 DM · 5 = **3 200 DM** (Preis der Stereo-Anlage) — 1 P.
   b) 3 200 DM – 640 DM = 2 560 DM; 2 560 DM : 10 = **256 DM** (1 Rate) — 2 P.
   c) 256 DM · 3 = 768 DM; 768 DM + 192 DM = 960 DM;
   2 560 DM – 960 DM = 1 600 DM; 1 600 DM : 400 DM = 4; **4 Monate** — 4 P.

Du hast die Aufnahmeprüfung **gut** bestanden, wenn du **9 – 13 Punkte** erreicht hast. Auch eine Mindestpunktzahl **von 7** genügt noch den gestellten Anforderungen. — **13 P.**

Aufnahmeprüfung J

1. a) Ansatz: $x - 14\,789 = 1\,000 - 99$; $1\,000 - 99 = 901$;
   $901 + 14\,789 =$ **15 690**; Probe: $15\,690 - 14\,789 = 901$ — 2 P.
   b) Ansatz: $(128\,417 - 53\,106) + (39\,886 : 7) - (5\,608 : 2) = x$;
   $128\,417 - 53\,106 = 75\,311$; $39\,886 : 7 = 5\,698$;
   $5\,608 : 2 = 2\,804$; $75\,311 + 5\,698 = 81\,009$;
   $81\,009 - 2\,804 =$ **78 205** — 5 P.

2. a) $45\,268 - \square = 31\,570$; $\square = 45\,268 - 31\,570 =$ **13 698** — 1 P.
   b) $5\,698 \cdot \square = 256\,410$; $\square = 256\,410 : 5\,698 =$ **45**; — 1 P.
   c) $8\,750 : \square = 350$; $\square = 8\,750 : 350 =$ **25** — 1 P.

3. a) 420 km : 35 = 12 km; 12 km : 2 = **6 km** (halber Rundkurs) — 1 P.
   b) 12 km · 29 = 348 km; 420 km – 348 km = **72 km** (Reststrecke) — 2 P.
   c) 2 h 40 min = 160 min; 420 000 m : 160 = 2 625 m = **2,625 km** — 1 P.

4. a) 375 Pf – 350 Pf = **25 Pf** (Preisnachlass für eine Flasche);
   2 000 Pf : 25 Pf = 80; **80 Flaschen** Traubensaft — 2 P.
   b) 350 Pf · 80 = 28 000 Pf = **280 DM** (Höhe der Rechnung) — 1 P.

Du hast recht **erfolgreich** gearbeitet, wenn du **11 – 17 Punkte** erreicht hast. Deine Leistung ist **zufriedenstellend**, wenn du mindestens noch **8 Punkte** erzielt hast. — **17 P.**

Aufnahmeprüfung K

1. 124 (kleinste dreistellige Zahl); 7763 (größte vierstellige Zahl);
   124 · 7763 = 962612; 962612 : 14 = **68758** — 2 P.

2. 370 DM · 9 = 3330 DM; 4000 DM + 3330 DM = 7330 DM;
   7330 DM : 5 = **1466 DM** (Höhe einer Monatsrate) — 3 P.

3. 4 B · 63 = 252 Beine; 4 B · 5 = 20 Beine; 252 B + 20 B = 272 B;
   338 B – 272 B = 66 B; 66 B : 2 B = 33; **33 Hühner** — 5 P.

4. 2 Fl · 14 = 28 Flaschen (Mehrverbrauch);
   21 Tage – 14 Tage = 7 Tage;
   28 Flaschen : 7 = **4 Flaschen** (ursprünglicher Tagesverbrauch) — 4 P.

Du hast die Aufnahmeprüfung mit **gutem** Erfolg bestanden, wenn du **10 – 14 Punkte** erreicht hast. Du kannst mit deiner Leistung **zufrieden** sein, wenn du mindestens noch **7 Punkte** erzielt hast! — **14 P.**

Aufnahmeprüfung L

1. a) Ansatz: 872 · 308 + x = 239316 : 42; 872 · 308 = 268576;
   239316 : 42 = 5698; 268576 – 5698 = **262878** — 3 P.

   b) Ansatz: 83552 : 14 + (134716 – 89108) = x;
   83552 : 14 = 5968; 134716 – 89108 = 45608;
   5968 + 45608 = **51576** — 3 P.

2. a) 295 Pl + 320 Pl + 95 Pl = 710 Plätze;
   1000 Pl – 710 Pl = **290 Plätze** — 2 P.

   b) 450 Pf · 295 = 132750 Pf; 640 Pf · 320 = 204800 Pf;
   132750 Pf + 204800 Pf = 337550 Pf;
   418300 Pf – 337550 Pf = 80750 Pf;
   80750 Pf : 95 = 850 Pf = **8,50 DM** (Karte für den 1. Platz) — 5 P.

3. Ansatz:

	Erdgeschoss		1. Stock		2. Stock		Gäste
	x	+	(x + 5)	+	(x + 5 + 5)	=	36

   36 G – 5 G – 5 G – 5 G = 21 G; 21 G : 3 = **7 Gäste** (Erdgeschoss)
   7 G + 5 G = **12 Gäste** (1. Stock);
   12 G + 5 G = **17 Gäste** (2. Stock)
   Probe: 7 G + 12 G + 17 G = 36 Gäste — 3 P.

4. 600 l – 25 l = 575 l; 4 Teile + 1 Teil = 5 Teile; 575 l : 5 = **115 l**;
   115 l · 4 = **460 l**; Probe: 115 l + 460 l + 25 l = 600 l — 3 P.

5. 7 T · 3 = 21 Tage; 60 Pf · 21 = 1260 Pf;
   1260 Pf : 7 = 180 Pf = **1,80 DM** (heutiger Bierpreis) — 3 P.

Du hast **gut** gerechnet, wenn du **15 – 22 Punkte** erreicht hast. Wenn du **weniger als 8 Punkte** erzielt hast, solltest du die Aufgaben dieser Aufnahmeprüfung **noch einmal** durchrechnen. — **22 P.**

Aufnahmeprüfung M

1. a) Ansatz: $x \cdot 80 : 780 = 268$; $268 \cdot 780 = 209\,040$;
   $209\,040 : 80 =$ **2613** (gedachte Zahl) 2 P.

   b) Ansatz: $x - 89\,672 : 8 = 508 \cdot 76$; $89\,672 : 8 = 11\,209$;
   $508 \cdot 76 = 38\,608$; $38\,608 + 11\,209 =$ **49817** 3 P.

2. a) 8 kg · 86 = **688 kg** (Kartoffeln in der Kiste) 1 P.

   b) 8 kg · 35 = 280 kg; 688 kg – 280 kg = 408 kg (restliche Menge);
   408 kg – 8 kg = 400 kg; 400 kg : 5 kg = 80; **80 kleinere Tüten** 4 P

3. a) 40 DM – 2,80 DM = 37,20 DM; 3720 Pf : 24 = 155 Pf = **1,55 DM** 2 P.

   b) 60 l – 24 l = 36 l; 36 l : 9 l = 4; 100 km · 4 = **400 km** 3 P.

4. 28 Sch – 3 Sch = 25 Sch; 15 Pf · 25 = 375 Pf;
   375 Pf : 3 = 125 Pf = **1,25 DM** (Preis einer Eintrittskarte) 3 P.

Du bist **gut** im Fach Rechnen, wenn du **12 – 18 Punkte** erreicht hast. **18 P.**
Mit deiner Leistung kannst du auch **zufrieden** sein, wenn du mindestens **9 Punkte** erzielt hast.

Aufnahmeprüfung N

1. $59 \cdot 7743 = 456\,837$; $725\,604 - 456\,837 =$ **268767** 2 P.

2. 1500 l · 3 = 4500 l; 12 l + 8 l = 20 l; 20 l · 150 = 3000 l;
   4500 l – 3000 l = 1500 l; 1500 l : 12 l = 125; **125 Tage** 5 P.

3. a) 1620 Pf · 55 = 89100 Pf = **891 DM** (Einkaufspreis) 1 P.

   b) 2180 Pf · 20 = 43600 Pf; 1950 Pf · 26 = 50700 Pf;
   55 K – 20 K – 26 K = 9 Kartons; 18 DM · 9 = 162 DM;
   436 DM + 507 DM + 162 DM = 1105 DM;
   1105 DM – 891 DM = 214 DM; 214 DM – 45 DM = **169 DM** (Gewinn) 7 P

4. a) 20 DM · 14 = 280 DM; 14 T – 10 T = 4 Tage;
   280 DM : 4 = 70 DM; 70 DM · 10 = **700 DM** (Ausgabe in 10 Tagen) 4 P.

   b) 700 DM : 14 = **50 DM** (ursprüngliche Ausgabe pro Tag) 1 P.

Du hast **gut** gerechnet, wenn du **14 – 20 Punkte** erreicht hast. Bei einer Punktzahl von **8 – 13 Punkten** ist deine Leistung **zufriedenstellend.** **20 P.**

Aufnahmeprüfung O

1. Ansatz: x : 34 · 5 + 150 = 1 000; 1000 – 150 = 850;
   850 : 5 = 170; 170 · 34 = **5780** (gedachte Zahl) 3 P.

2. a) 68 St : 2 = 34 Stück; 68 St + 34 St = **102 Stück** (Robert) 2 P.
   b) 34 St : 2 = **17 Stück**; Probe: 102 St – 17 St = 85 Stück;
   68 St + 17 St = 85 Stück 1 P.

3. 2 B · 30 = 60 Betten; 60 B – 48 B = 12 Betten; **12 Einbettzimmer**
   30 Z – 12 Z = **18 Zimmer** (Doppelzimmer);
   Proben: 12 Z + 18 Z = 30 Z;
   18 B · 2 + 12 B · 1 = 36 B + 12 B = 48 Betten 3 P.

4. a) 15 000 m : 300 m = 50; 50 min;
   18 600 m – 15 000 m = 3 600 m; 3 600 m : 240 m = 15; 15 min;
   50 min + 15 min = 65 min;
   65 min + 20 min = 85 min;
   12 h 17 min – 85 min = 10 h 52 min;
   10.52 Uhr (Abfahrt von Norbert in Baldham) 6 P.
   b) 65 min = 1 h 5 min; **1 Stunde 5 Minuten** 1 P.

Du hast die Aufnahmeprüfung mit **gutem** Erfolg bestanden, wenn du **10 – 16 Punkte** erreicht hast. **16 P.**

Aufnahmeprüfung P

1. Ansatz: (x : 2) : 83 + 214 = 500; 500 – 214 = 286;
   286 · 83 = 23 738; 23 738 · 2 = **47 476** (gedachte Zahl) 3 P.

2. 55 kg · 12 = 660 kg; 35 kg · 18 = 630 kg;
   660 kg + 630 kg = 1 290 kg; 3 900 kg + 1 290 kg = 5 190 kg;
   7 000 kg – 5 190 kg = 1 810 kg; 1810 kg : 10 = **181 kg**
   (Gewicht einer Kiste ohne Gewichtsangabe) 6 P.

3. a) 126 000 m : 60 = 2 100 m (Strecke in einer Minute)
   2 100 m : 60 = **35 m** (Strecke in der Schrecksekunde) 2 P.
   b) 90 000 m : 60 = 1 500 m (Wegstrecke in einer Minute)
   1 500 m : 60 = **25 m** (Wegstrecke in einer Schrecksekunde) 2 P.

4. a) 335 km – 105 km = 230 km; 230 km – 50 km = 180 km;
   180 km : 2 = 90 km; oder: 230 km : 2 = 115 km;
   50 km : 2 = 25 km; 115 km – 25 km = 90 km;
   90 km : 18 km = 5; **5 Stunden** 4 P.
   b) 90 km : 15 km = 6; **6 Stunden** Fahrzeit für die Gruppe 1 P.

Du hast **erfolgreich** gearbeitet, wenn du **12 – 18 Punkte** erreicht hast. Bei einer **geringeren** Punktzahl **als 7** solltest du die Aufgaben dieser Aufnahmeprüfung **noch einmal** durchrechnen. Verbessere vorher deine Fehler! **18 P.**

Aufnahmeprüfung Q

1. a) Ansatz: 548 · 74 – 395 175 : 75 = x; 395 175 : 75 = 5 269;
548 · 74 = 40 552; 40552 – 5 269 = **35 283** — 3 P.

   b) Ansatz: (4 345 + 3 904) · 86 – 306 405 : 45 = x;
4 345 + 3 904 = 8 249; 8 249 · 86 = 709 414;
306 405 : 45 = 6 809; 709 414 – 6 809 = **702 605** — 4 P.

2. 1 960 DM : 2 = 980 DM; 980 DM : 10 = 98 DM;
98 DM · 3 = 294 DM; 980 DM – 294 DM = 686 DM;
68 600 Pf : 5 = 13 720 Pf = **137,20 DM** — 5 P.

3. 5 DM + 8 DM = 13 DM; 49 DM – 13 DM = 36 DM;
36 DM : 3 = 12 DM; Horst: **12 DM**;
Paul: 12 DM + 5 DM = **17 DM**; Klaus: 12 DM + 8 DM = **20 DM**;
Probe: 12 DM + 17 DM + 20 DM = 49 DM — 5 P.

4. 5 l · 60 = 300 l (pro Minute); 300 l · 5 = 1 500 l (in 5 Minuten);
4 500 l – 1 500 l = 3 000 l; 60 s · 5 = 300 s;
3 000 l : 300 = **10 l** (pro s) — 5 P.

5. 9 Pf · 15 = 135 Pf; 4 035 Pf – 135 Pf = 3 900 Pf; 15 l + 10 l = 25 l;
3 900 Pf : 25 = 156 Pf = **1,56 DM** (Preis für 1 l Normalbenzin);
1,56 DM + 0,09 DM = **1,65 DM** (Preis für 1 l Superbenzin) — 5 P.

Du kannst recht **gut** rechnen, wenn du **18 – 27 Punkte** erreicht hast. — **27 P.**

Aufnahmeprüfung R

1. 395 382 : 78 = 5 069; 2 109 · 187 = 394 383;
394 383 – 5 069 = **389 314** — 3 P.

2. a) 60 min : 20 min = 3; 34 km · 3 = 102 km (Herr Neumann)
60 min : 15 min = 4; 30 km · 4 = 120 km (Herr Altdorfer)
Herr Altdorfer legt in der Stunde **18 km** mehr zurück als Herr Neumann. — 2 P.

   b) 34 000 m : 20 = 1 700 m (Neumann);
30 000 m : 15 = 2 000 m (Altdorfer);
2 000 m – 1 700 m = **300 m** (pro Minute); **Herr Altdorfer**
oder: 18 km = 18 000 m; 18 000 m : 60 = 300 m — 3 P.

3. 3 000 l : 3 = 1 000 l; 3 000 l – 1 000 l = 2 000 l; 2 000 l : 40 = 50 l;
50 l · 15 = 750 l; 2 000 l – 750 l = 1 250 l; 50 l + 15 l = 65 l;
1 250 l : 65 l = 19 Rest 23; ≈ **20 Kanister;** „≈“ heißt „rund“ — 7 P.

4. 180 Pf · 27 = 4 860 Pf; 4 860 Pf : 3 = 1 620 Pf = **16,20 DM** — 2 P.

5. 6 Kinderkarten ≙ 3 Erwachsenenkarten; 5 Ek + 3 Ek = 8 Ek;
48 DM : 8 = **6 DM** (Preis für eine Erwachsenenkarte)
6 DM : 2 = **3 DM** (Preis für eine Kinderkarte) — 4 P.

Du hast **mit Erfolg** gearbeitet, wenn du **14 – 21 Punkte** erreicht hast. — **21 P.**

Aufnahmeprüfung S

1. a) 3068 · 56 = 171808; 192622 : 38 = 5069;
   171808 – 5069 = **166739** — 3 P.

   b) 12 · 16 = 192; 11 · 17 = 187; 192 – 187 = **5** — 3 P.

2. a) 100 l · 42 = 4200 l; 50 l · 38 = 1900 l; 4200 l + 1900 l = 6100 l;
   8500 l – 6100 l = 2400 l; **4800 Flaschen Bier** — 5 P.

   b) 205 DM · 42 = 8610 DM; 112 DM · 38 = 4256 DM;
   145 Pf · 4800 = 696000 Pf = 6960 DM;
   8610 DM + 4256 DM + 6960 DM = **19826 DM** (Gesamteinnahme) — 4 P.

3. a) 276 km – 10 km = 266 km (2. Tag); 266 km + 34 km = 300 (3. Tag);
   276 km + 266 km + 300 km = 842 km;
   1000 km – 842 km = **158 km** — 4 P.

   b) 300 km : 100 km = 3; 9 l · 3 = **27 l** (Benzinverbrauch am 3. Tag) — 2 P.

   c) 1000 km : 100 km = 10; 9 l · 10 = 90 l; 156 Pf · 90 = 14040 Pf;
   140,40 DM (gesamte Benzlnkosten) — 3 P.

Du hast die Aufnahmeprüfung mit recht **gutem** Erfolg bestanden, wenn du **16 – 24 Punkte** erreicht hast. — **24 Pt.**

Aufnahmeprüfung T

1. 19264 : 8 = 2408; 5169 · 18 = 93042;
   2408 + 93042 = 95450; 95450 · 6 = **572700** (andere Zahl) — 4 P.

2. a) 12 h 57 min – 9 h 12 min = 3 h 45 min;
   3 h 45 min – 45 min = 3 h; 20 km · 3 = **60 km**
   (Strecke von Weiden nach Wunsiedel) — 3 P.

   b) 60 km : 15 km = 4; 4 Stunden;
   18 h 30 min – 4 h = 14 h 30 min; **14.30 Uhr** (Abfahrtszeit von Wunsiedel) — 2 P.

3. 4 D · 4 = 16 Dosen (Inhalt eines Kartons); 16 D · 4 = 64 Dosen
   (Inhalt einer Kiste); 100 D – 64 D = 36 Dosen; **1 Kiste**;
   36 Dosen = 2 · 16 D + 4 D; **2 Kartons**; **1 Packung** — 4 P.

4. a) 120 s : 60 s = 2; 2 min; 60 min : 2 min = 30; **30 Runden** — 2 P.

   b) 60 s · 60 = 3600 s; 3600 s : 36 = 100 s; 120 s – 100 s = **20 s**
   Schuhmacher war 20 s pro Runde schneller als Hill. — 3 P.

Du kannst recht **gut** rechnen, wenn du **12 – 18 Punkte** erreicht hast. — **18 P.**
Deine Leistung ist **zufriedenstellend**, wenn du mindestens **9 Punkte** erzielt hast.

Aufnahmeprüfung U

1. a) 72 · 18 = 1 296; 2 128 : 8 = 266; 1 296 + 266 = **1562** — 3 P.
   b) 37 + 53 + 33 = 123; 123 · 56 = 6 888; 6 888 – 5 379 = **1 509** — 3 P.

2. a) 72 km : 4 = **18 km** (Klaus); 63 km : 3 = **21 km** (Bernd) — 2 P.
   b) 18 000 m : 60 = **300 m** (Klaus); 21 000 m : 60 = **350 m** (Bernd) — 2 P:

3. 420 000 : 5 = **84 000 DM** (Eigenanteil);
   420 000 DM – 84 000 DM = **336 000 DM;**
   336 000 DM : 3 = **112 000 DM** (Bauspardarlehen);
   112 000 DM · 2 = **224 000 DM** (Hypothek) — 4 P.

4. a) 8 100 Z : 900 Z = 9; **9mal**
   b) 15 300 Z – 8 100 Z = **7 200 Z** (fehlen noch)
   c) 7 200 Z : 900 Z = 8; **8mal** — 3 P.

Du hast gut gerechnet, wenn du **11 – 17 Punkte** erreicht hast. **17 P.**

Aufnahmeprüfung V

1. 294 : 7 = 42; 42 – 27 = 15; 15 · 17 = **255** — 3 P.

2. a) 35 Pl · 3 = 105 Pl; 105 Pl – 17 Pl = 88 Pl;
   528 DM : 88 DM = **6 DM** (Fahrpreis) — 3 P.
   b) 528 DM – 88 DM = 440 DM; 440 DM : 88 = **5 DM** — 2 P.

3. a) 125 l · 12 = 1 500 l; 1 500 l · 4 = **6 000 l**
   b) 4 500 l : 125 l = 36; **36 min** — 3 P.

4. a) 16 000 l : 4 = 4 000 l; 16 000 l – 4 000 l = 12 000 l;
   100 l – 40 l = 60 l; 12 000 l : 60 l = 200; 200 min = **3 h 20 min** — 5 P.
   b) 2 h 40 min = 160 min; 60 l · 160 = 9 600 l = 96 hl;
   40 hl + 96 hl = **136 hl** (Inhalt) — 2 P.

Du hast mit Erfolg gerechnet, wenn du **11 – 18 Punkte** erreicht hast. **18 P.**

Schlussbemerkung

Du bist jetzt am Ende des Buches angekommen und hast viel über das Lösen von Textaufgaben erfahren. Sicherlich hast du dabei auch gelernt, wie Textaufgaben auszurechnen sind.

Beim Lösen der Aufgaben hast du ganz bestimmt erkannt, dass es keine so große Rolle spielt, ob die Aufgaben wenig oder viel Text enthalten, ob wenig oder viel zu rechnen ist. Wichtig ist aber immer, dass die verschiedenen Rechenschritte in der richtigen Reihenfolge durchgeführt werden. Natürlich musst du dabei auch noch richtig rechnen!

Ich bin sicher, dass du deine Fähigkeiten beim Lösen der vielen Textaufgaben in diesem Buch erheblich gesteigert hast, und wünsche dir weiterhin viel Erfolg!

Trixi und Texto sind auch zufrieden mit dir. Sie bedanken sich dafür, dass du sie durch dieses Buch begleitet hast, und wünschen dir alles Gute – nicht nur für den Mathematikunterricht in der Schule!

Der Verfasser

Aufgaben zu Klassenarbeiten im 1. Halbjahr

Textaufgaben im Zahlenraum 1 – 10 000

Was du in diesem Kapitel lernst:

Sicher weißt du schon, dass der Lehrer in der Schule von Zeit zu Zeit zum Feststellen der Noten im Fach Mathematik **Klassenarbeiten** oder **Probenaufgaben** stellt. Darin kommen ganz sicher auch Textaufgaben vor.

Im folgenden Kapitel lernst du diese Textaufgaben für Klassenarbeiten kennen, die im 1. Schulhalbjahr der 4. Klasse, also vom Sommer bis Dezember, zur Prüfung anstehen. Bei der Lösung dieser Prüfungsaufgaben werden oft mehrere Grundrechenarten miteinander verknüpft. Dies ist gar nicht so schwer, wenn du mithilfe des Rechenplanes die Aufgabe Schritt für Schritt ausrechnest.

Viel Erfolg!

1 Ein Güterzug, der durchschnittlich in einer Stunde 40 km zurücklegt, fährt um 9.00 Uhr in Altstadt Richtung Burgheim ab. Zur gleichen Zeit fährt in Burgheim ein Personenzug nach Altstadt ab, der durchschnittlich 60 km pro Stunde zurücklegt. Die Bahnstrecke von Altstadt nach Burgheim ist 300 km lang.

a) Wann kommt der Personenzug in Altstadt an?
b) Welche Strecke hat der Güterzug zur Zeit 10.30 Uhr bereits zurückgelegt?
c) Um wie viel Uhr begegnen sich die beiden Züge?

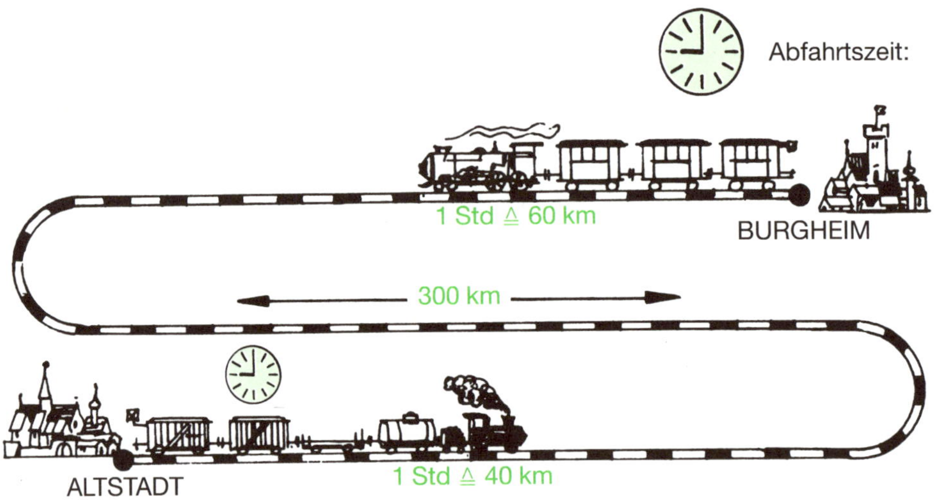

Betrachte auch das folgende Streckenmodell und rechne!

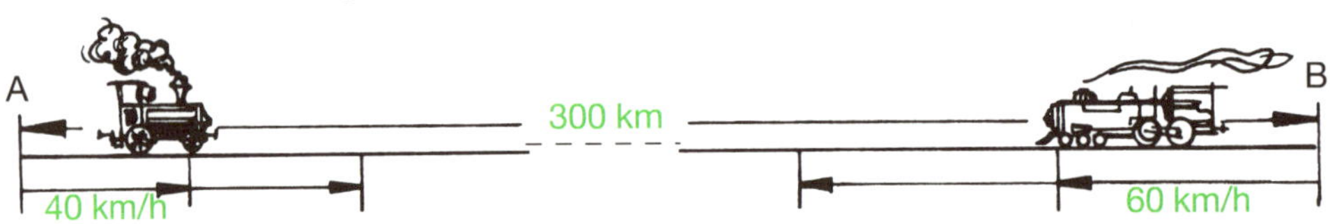

a) ☐ ○ ☐ → ☐ Anzahl der Stunden

Antwortsatz: ______________________________

b) ☐ ○ ☐ → ☐ Kilometer in 30 min

☐ ○ ☐ → ☐ Kilometer in 1 h 30 min

Antwortsatz: ______________________________

c) ☐ ○ ☐ → ☐ Geschwindigkeit beider Züge

☐ ○ ☐ → ☐ Anzahl der Stunden

Antwortsatz: ______________________________

2 Ein Lastwagenfahrer lässt gerade beim Lagerhaus Nova 12 Säcke Kartoffeln zu je 0,050 t auf seinen Wagen aufladen. Er will noch einige Fässer Sauerkraut zu je 0,100 t dazuladen, weiß aber, dass er auf seinem weiteren Weg noch über eine Brücke mit 3 Tonnen Höchstbelastung fahren muss. Der Lastwagen wiegt leer 1,670 t, der Fahrer 74 kg, der Diesel im Tank 56 kg. Wie viele Fässer Sauerkraut dürfen noch zugeladen werden?

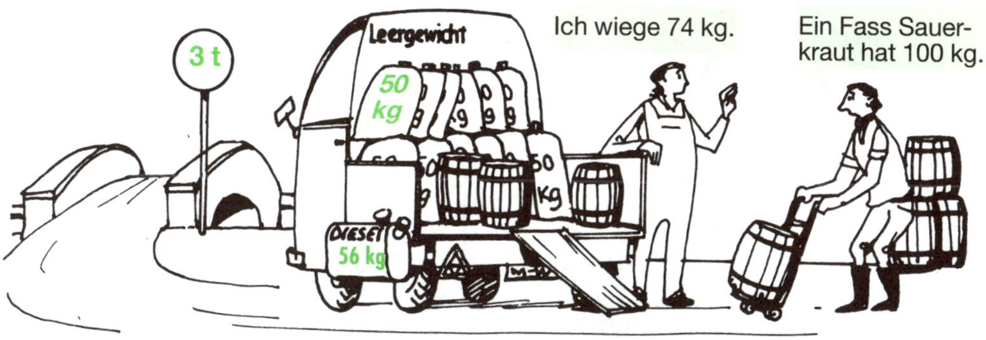

1. ☐ ◯ ☐ → ☐ Gewicht der 12 Säcke

2.

				vorhandenes Gewicht

☐ ◯ ☐ ◯ ☐ ◯ ☐ → ☐

3. Höchstgewicht ☐ ◯ vorhandenes Gewicht ☐ → Zuladegewicht ☐

4. Zuladegewicht ☐ ◯ Gewicht eines Fasses ☐ → Anzahl der Fässer ☐

Ich esse gerne Sauerkraut und tanze gerne Polka . . .

Antwortsatz: ______________________________

____

3 Für die Nachmittagsvorstellung in einem Kino wurden 85 Karten zu je 9 DM, 56 Karten zu je 7 DM und eine bestimmte Anzahl von Karten zu je 5 DM verkauft. Die Einnahmen betrugen insgesamt 1382 DM. Wie viele Personen besuchten die Vorstellung?

1. ☐ ○ ☐ → ☐ Preis der 85 Karten

2. ☐ ○ ☐ → ☐ Preis der 56 Karten

3. ☐ ○ ☐ → ☐ Summe der Teilbeträge

4. Gesamteinnahme ☐ ○ Summe der Teilbeträge ☐ → Betrag der restlichen Karten ☐

5. ☐ ○ ☐ → ☐ Anzahl der restl. Karten

6. ☐ ○ ☐ ○ ☐ → ☐ Personen

Antwortsatz:

___

___

___

4 Familie Schrag und Familie Lindbüchl wohnen in einer Reihenhaussiedlung. Herr Lindbüchl fährt übers Wochenende nach Niederbayern und holt beim Bauern Stadler 60 kg Kartoffeln zu 24 DM, 40 kg Äpfel zu 36 DM und 30 kg Birnen zu 27 DM. Zu Hause angekommen, gibt Frau Lindbüchl ihrer Nachbarin Schrag 30 kg Kartoffeln, 10 kg Äpfel und von den Birnen den 3. Teil. Welchen Betrag muss Frau Schrag an Frau Lindbüchl zahlen?

Betrachte Bilder und Skizzen und ergänze die Leerstellen!

1. Preis, den Frau Schrag für die Kartoffeln zahlt

60 kg	
30 kg	

(: 2) 60 kg ≙ 24 DM ( )

30 kg ≙ ☐ DM

2. Preis, den Frau Schrag für die Äpfel zahlt

40 kg	
10 kg	

( ) 40 kg ≙ 36 DM ( )

10 kg ≙ ☐ DM

3. Preis, den Frau Schrag für die Birnen zahlt

30 kg	

( ) 30 kg ≙ 27 DM ( )

☐ kg ≙ ☐ DM

4. Gesamtpreis, den Frau Schrag an Frau Lindbüchl zahlt

Kartoffeln		Äpfel		Birnen		
☐	( )	☐	( )	☐	→	☐

Antwortsatz: ______________________________

5 Ein Becken wird durch zwei Rohre mit Wasser gefüllt. Das erste Rohr liefert in der Minute 0,80 hl, das zweite nur 0,50 hl. Beide Rohre sind von 8 Uhr bis 13 Uhr in Betrieb. Danach liefert das zweite Rohr wegen des technischen Schadens einer Pumpe kein Wasser mehr. Das erste Rohr ist aber noch bis 17 Uhr in Betrieb. Nun ist das Becken gefüllt. Wie viele Hektoliter Wasser fasst das Becken?

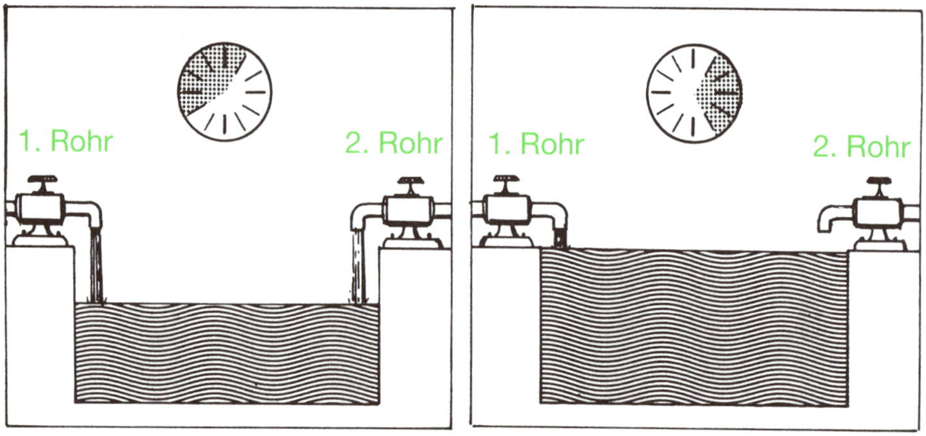

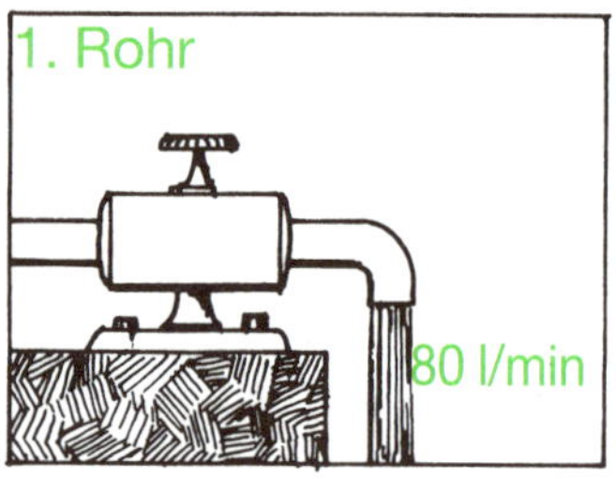

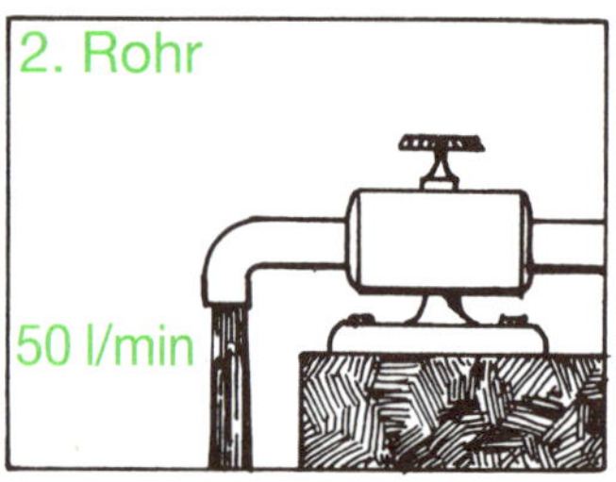

1. ☐ ○ ☐ → Betriebsdauer

☐ ○ ☐ → l / hl

2. ☐ ○ ☐ → Betriebsdauer

☐ ○ ☐ → l / hl

3. hl Menge durch 1. Rohr ○ hl Menge durch 2. Rohr → hl Menge durch beide Rohre

Antwortsatz: ______________________________

6 Familie Klein fährt mit der Bahn zu einem Kurzurlaub ins Gebirge. Am Bahnhofsschalter löst Herr Klein für sich, seine Frau und seine drei Kinder Fahrkarten. Eine Erwachsenen-Karte kostet 84 DM; Kinder zahlen die Hälfte. Wie viel Geld erhält Herr Klein am Schalter zurück, wenn er mit drei 100-DM-Scheinen zahlt?

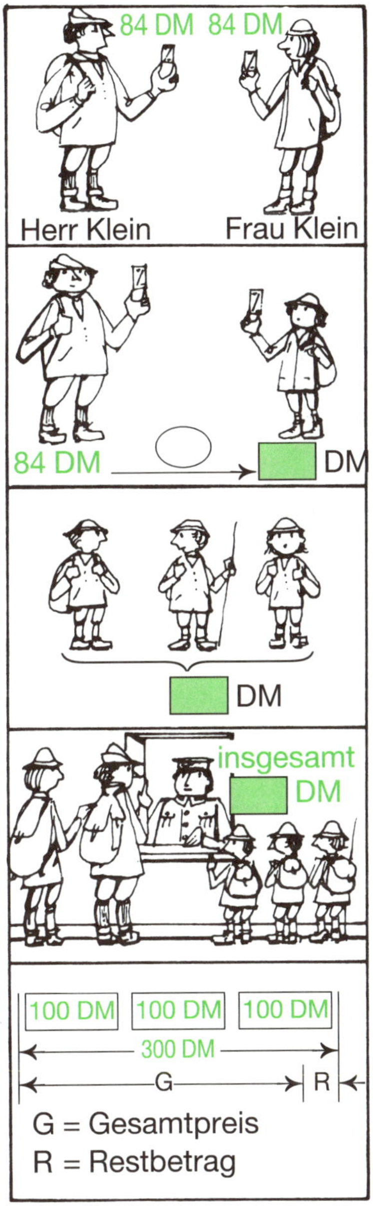

1. Preis für 2 Erwachsenenkarten

oder

2. Preis für 1 Kinderkarte
   Überlege: 1 Kind zahlt die Hälfte . . .

3. Preis für 3 Kinderkarten

oder:

4. Gesamtpreis aller Fahrkarten

Preis für 2 E-Karten		Preis für 3 K-Karten		Gesamtpreis

5. Geld, das Herr Klein zurückbekommt

vorhand. Betrag		Gesamtpreis		Restbetrag

Antwortsatz: ______________________________

7 Herr Blum hört gern Musik. Er kauft sich deshalb zwei Lautsprecher zu je 198 DM, ein Stereoradio für 752 DM, einen Kassettenrekorder für 885 DM und einen CD-Player für 467 DM. Herr Blum kann die Rechnung nicht sofort begleichen. Deshalb zahlt er ein Fünftel des Gesamtpreises sofort in bar an und begleicht den Restbetrag in 10 Monatsraten. Wie hoch ist eine Rate?

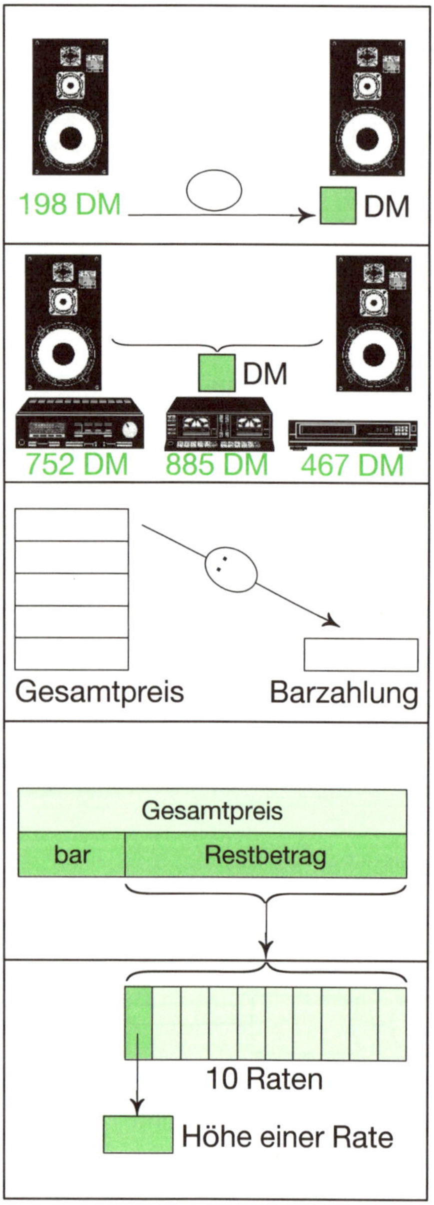

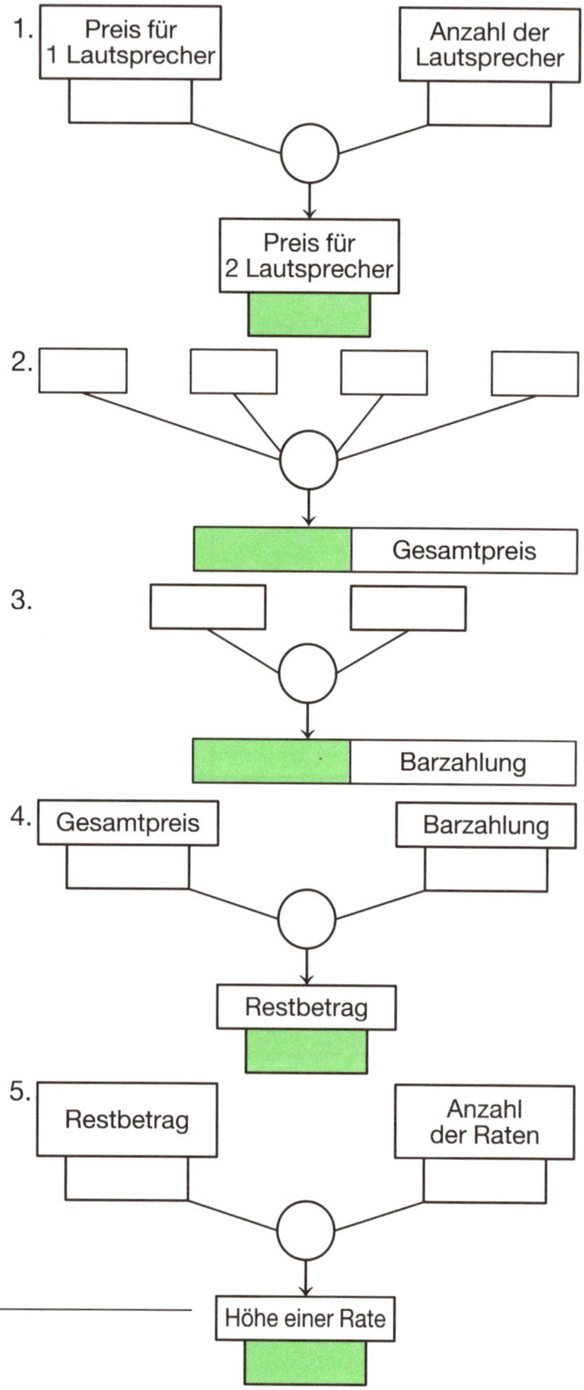

Antwortsatz: ______________________________________

____

8 Birgittas Onkel besorgt seiner Nichte zum Geburtstag eine Skiausrüstung: Skier zu 250 DM, eine Skibindung zu 100 DM, Stöcke zu 45 DM und einen Skianzug zu 205 DM. Der Onkel zahlt die Hälfte des gesamten Kaufpreises an. Die Restschuld begleicht Birgittas Oma in monatlichen Raten zu je 50 DM. Nach wie vielen Monaten hat Oma die Skiausrüstung abgezahlt?

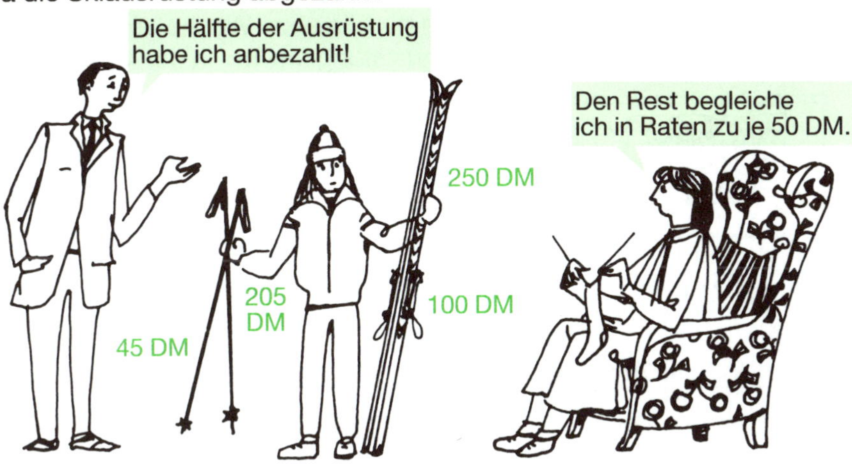

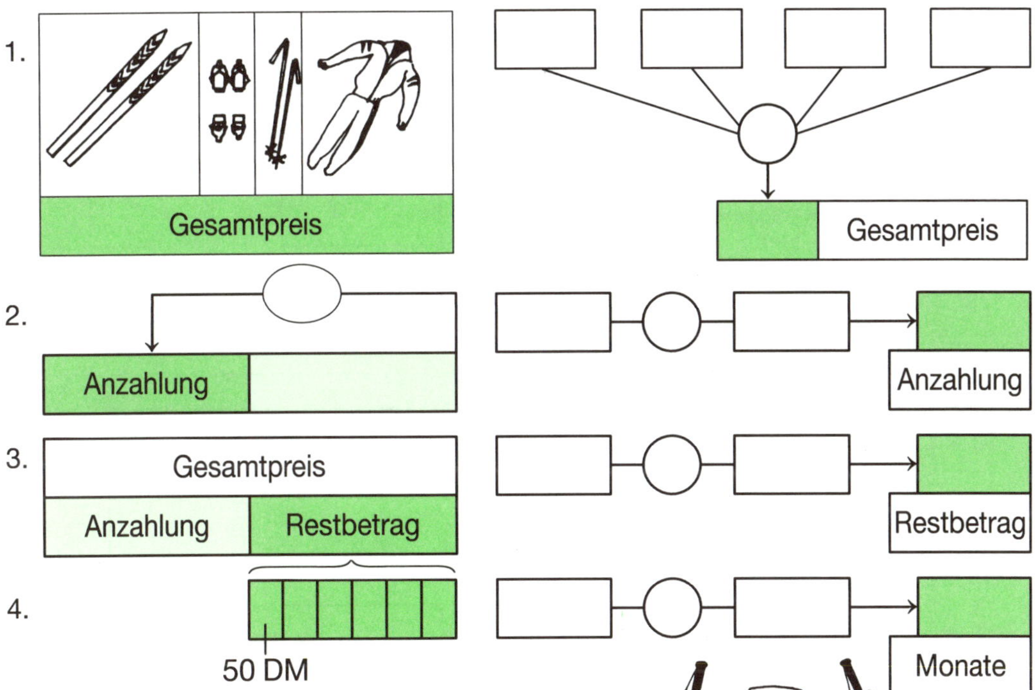

Antwortsatz: ______________________________

____

9 Klaus ist ein begeisterter Radfahrer. Er kauft sich deshalb für sein Tourenrad einen Tachometer mit Kilometerzähler. In der ersten Woche ist er 77 km, in der zweiten 84 km, in der dritten 95 km gefahren. Seine Fahrleistung betrug in vier Wochen insgesamt 416 km.

a) Wie viele Kilometer hat Klaus in der 4. Woche zurückgelegt?
b) Wie viele Kilometer ist Klaus durchschnittlich in einer Woche gefahren?
c) Wie hoch war die durchschnittliche Fahrleistung am Tag in der 4. Woche?

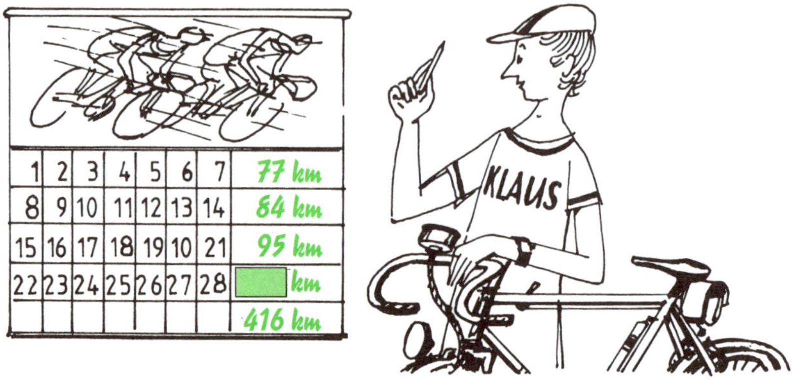

a) ← 416 km →

77 km	84 km	95 km	km
1. Woche	2. Woche	3.Woche	4. Woche

Antwortsatz: ______________________________

b) ← 416 km →

km			

Antwortsatz: ______________________________

c)

1. Woche	2. Woche	3. Woche							

4. Woche

Antwortsatz: ______________________________

10 Herbert wünscht sich eine Tischtennisplatte, die im Sportgeschäft Kaiser zum Preis von 350 DM ausgezeichnet ist. An Zubehör braucht er noch ein Netz für 16,50 DM, 2 Schläger für 24 DM und einen Satz Bälle für 9,50 DM. Herbert will die gesamte Tischtennisausrüstung in 8 Monatsraten bezahlen. Händler Gerber verlangt aber bei Ratenzahlung einen Aufschlag von 40 DM auf den gesamten Verkaufspreis. Berechne die Höhe einer Monatsrate!

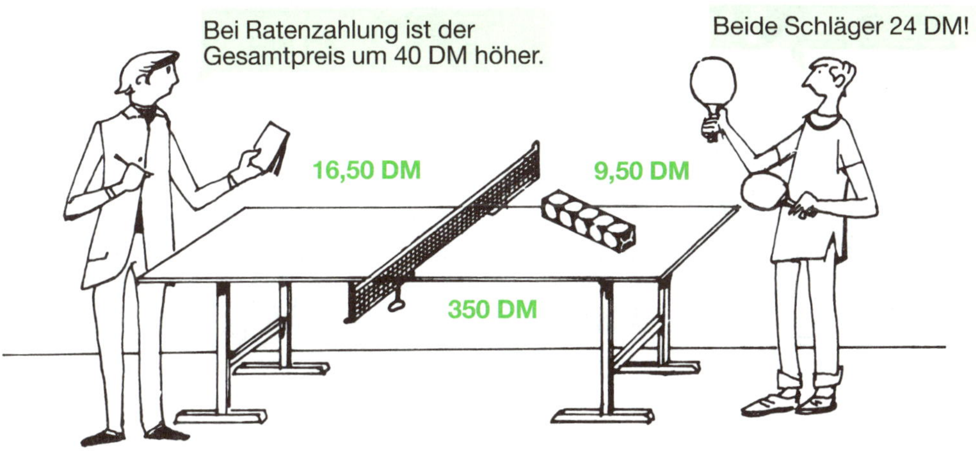

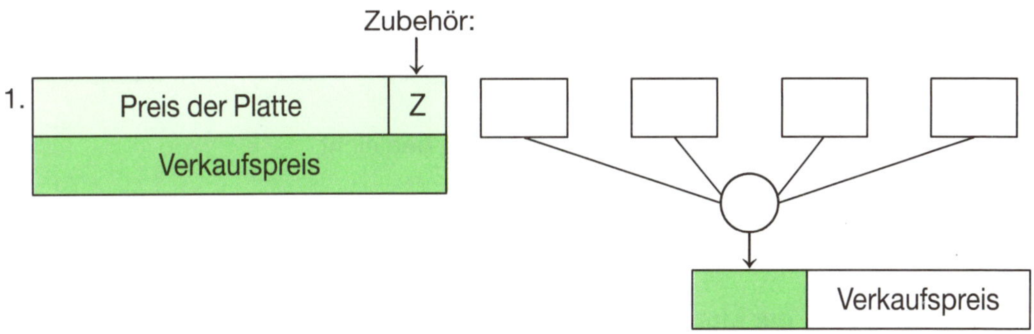

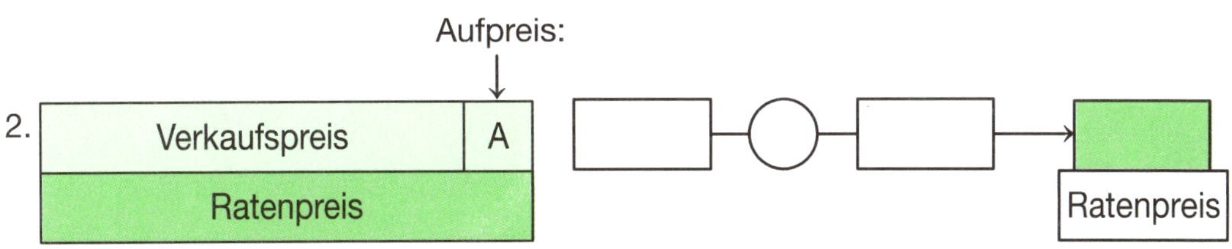

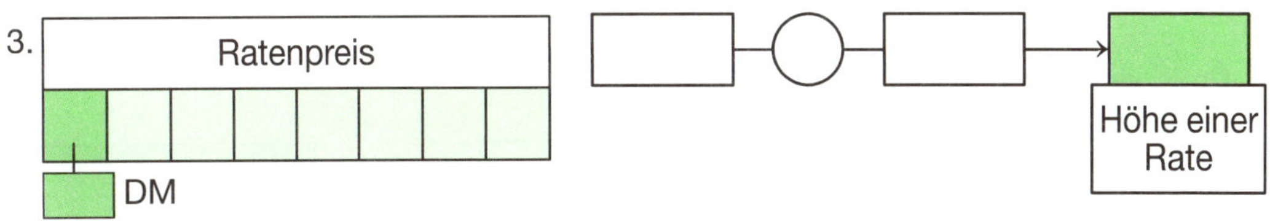

Antwortsatz: ______________________________

11 Die Mutter kauft im Textilgeschäft Krüger für ihre Familie ein: Taschentücher für 5,30 DM, ein Paar Strümpfe für 7,20 DM, ein Hemd für 45,50 DM und zwei Pullover. Die Mutter bezahlt mit drei 50-DM-Scheinen und erhält an der Kasse 12 DM zurück. Wie teuer ist ein Pullover?

1. Preis für die Taschentücher, Strümpfe und ein Hemd

2. Geldbetrag, mit dem die Mutter die Rechnung begleicht

3. Gesamtausgabe der Mutter für die Textilien

4. Preis für die beiden Pullover

5. Preis, der für einen Pullover zu zahlen ist

Antwortsatz: ____________________

12 Obsthändler Hintermeier kauft 50 Kisten Orangen zum Selbstkostenpreis von je 20 DM ein. Die ersten 30 Kisten kann er am Freitag zu je 27 DM verkaufen. Von der Lieferung sind einige Orangen verdorben. Sie füllen zwei Kisten. Die restlichen Kisten muss er am Samstag für je 19 DM abgeben. Wie groß ist der Gewinn des Händlers?

1. Selbstkostenpreis für 50 Kisten Orangen
2. Verkaufspreis für 30 Kisten Orangen
3. Zahl der noch zu verkaufenden Kisten
4. Verkaufspreis für die restlichen Kisten
5. Verkaufspreis für alle verkauften Orangen
6. Gewinn, den der Händler erzielt

Antwortsatz: ______________________________

____

Selbstkostenpreis	Gewinn
Verkaufspreis	

Merke: Selbstkostenpreis + Gewinn = Verkaufspreis
Verkaufspreis − Gewinn = Selbstkostenpreis
Verkaufspreis − Selbstkostenpreis = Gewinn

13 Omnibusunternehmer Walleitner setzt für Schulwegfahrten vier Schulomnibusse ein, die zusammen 200 Schüler transportieren können. Drei Omnibusse sind gleich groß, der vierte Bus hat 20 Plätze weniger. Wie viele Plätze hat der kleinere Bus?

1.

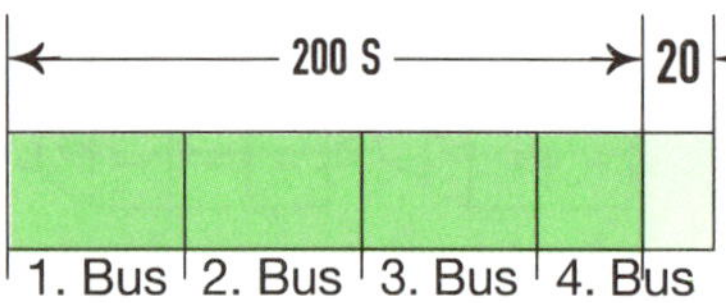

Wie viele Schüler könnten insgesamt transportiert werden, wenn auch der 4. Bus so groß wäre wie die anderen?

2.

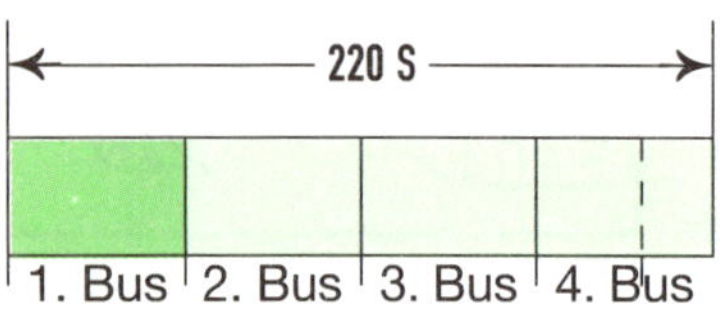

Wie viele Plätze hat dann **ein** großer Bus?

3.

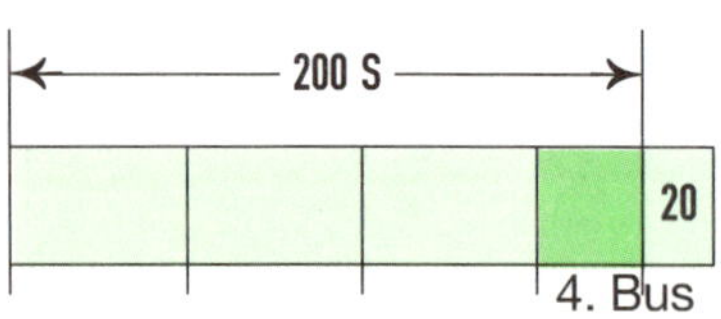

Rechne nun aus, wie viele Plätze der kleinere Bus hat!

Antwortsatz: ______________________________

14 Monika bekommt zum 10. Geburtstag von ihrem Onkel 60 DM geschenkt. Die Hälfte des Geldes gibt sie für ein Tierbuch aus, den vierten Teil für Süßigkeiten, den fünften Teil für ein Halskettchen. Das übrige Geld steckt sie in das Sparschwein. Wie viel Geld hat Monika gespart?

1.
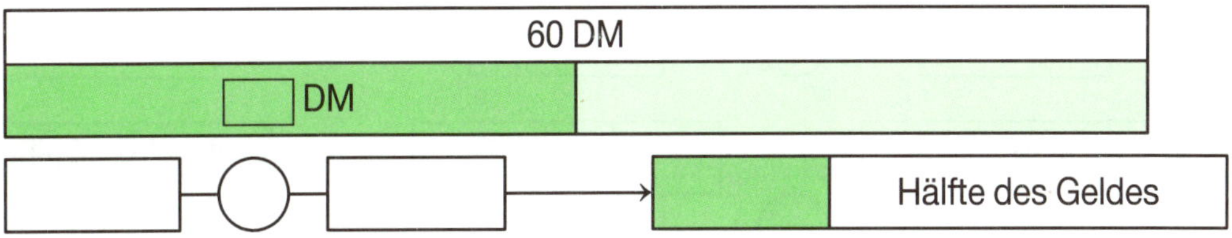

2.
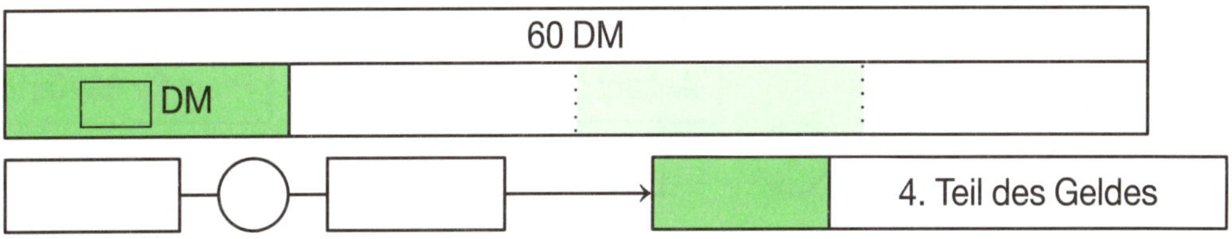

3.
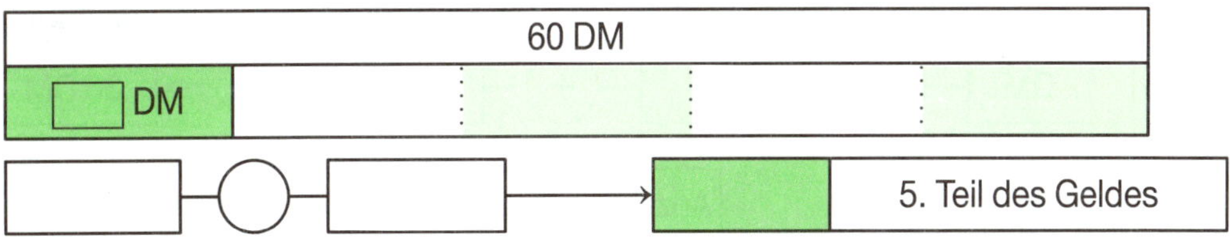

4.
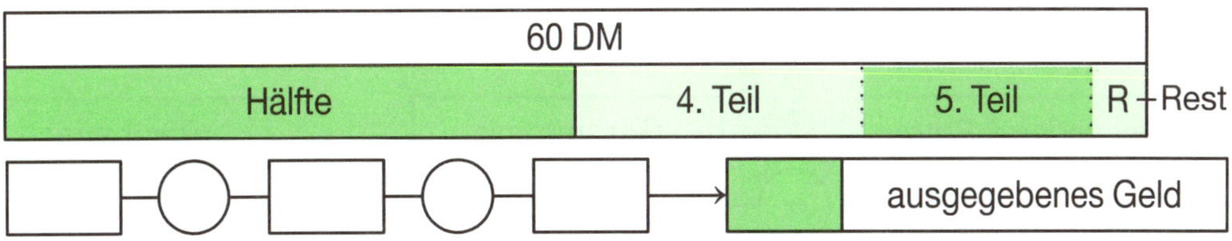

5.
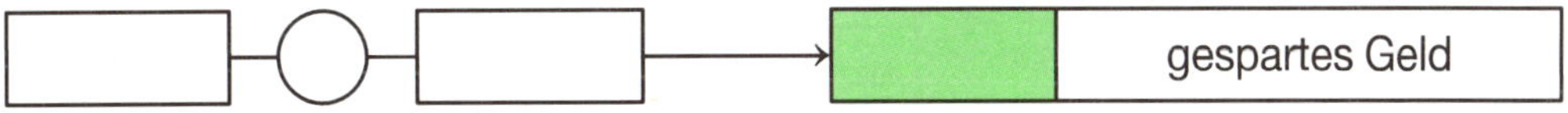

Antwortsatz: ____

Texto merkt sich:
Beim Lösen von Sachaufgaben wird die *Sachsituation* des Textes kurz durch entsprechende *Begriffe* beschrieben, die zu jedem Rechenschritt dazugeschrieben werden können.

Präge dir die folgenden Grundmuster für Aufgaben gut ein, die du in diesem Kapitel eben kennen gelernt hast.

Grundmuster für Textaufgaben

1

Einzelstrecke		Einzelstrecke		Gesamtstrecke
40 km	+	60 km	→	100 km

2

Höchstgewicht		vorhandenes Gewicht		Zuladegewicht
3000 kg	−	2400 kg	→	600 kg

3

Preis für 1 Karte		Anzahl der Karten		Preis für 85 Karten
9 DM	·	85	→	765 DM

4

Einzelpreis		Einzelpreis		Einzelpreis		Gesamtpreis
12 DM	+	9 DM	+	15 DM	→	36 DM

5

Wassermenge in 1 Stunde		Anzahl der Stunden		Wassermenge in 9 Stunden
4800 l	·	9	→	43 200 l

6

vohandener Betrag		Gesamtpreis		Restbetrag
300 DM	−	294 DM	→	6 DM

7

Gesamtverdienst		Anzahl der Stunden		Verdienst pro Stunde
200 DM	:	10	→	20 DM

Klassenarbeit A
(leicht)

1. Bei einem Klassenausflug gibt Karl 4,20 DM aus. Das ist der 5. Teil von seinem monatlichen Taschengeld. Wie viel Taschengeld erhält Karl in einem Monat?

2. Frau Krüger hat ihren Tank mit Öl füllen lassen. Er fasst 7,50 hl. Wie viel Liter Öl sind nach einem halben Jahr noch im Tank, wenn ihr Ofen in einem Monat durchschnittlich 90 l verbraucht?

3. Martin und Ewald fahren frühmorgens von Plattling aus nach dem 60 km entfernt gelegenen Passau. Martin legt mit dem Moped in der Stunde 30 km, Ewald mit dem Rad 20 km zurück.
   a) Wie lange braucht jeder für eine Hinfahrt nach Passau?
   b) Wie lange können sie in Passau Besorgungen erledigen, wenn sie nicht länger als 10 Stunden von zu Hause wegbleiben wollen?

4. Der Abteilungsleiter eines Handwerksbetriebes verdient in der Stunde 30 DM, ein Facharbeiter 20 DM. Wie viel DM verdient der Leiter in einer Woche mit 40 Stunden mehr als der Facharbeiter?

Klassenarbeit B
(leicht)

1. Zu einem Heimattreffen kamen 800 Gäste. Das Festabzeichen in Höhe von 5 DM brauchten die Kinder nicht zu zahlen, die den 5. Teil der Gäste ausmachten, sowie die 15 geladenen Ehrengäste. Berechne die Einnahmen aus dem Verkauf der Festabzeichen!

2. Ein Lastwagenfahrer legt laut Fahrtenschreiber in 4 Tagen 1 525 km zurück. Am ersten Tag fährt er 250 km, am zweiten doppelt so weit wie am ersten, und am dritten Tag legt er nur die Hälfte der Strecke vom ersten Tag zurück. Wie viele Kilometer ist er am 4. Tag gefahren?

3. Frau Nolte kauft 7 m Vorhangstoff und bezahlt dafür 175 DM. Noch am gleichen Tag kauft sie 3 m vom gleichen Vorhangstoff dazu. Wie viel DM kostet der gesamte Stoff?

4. Familie Tham kauft sich eine Wohnzimmereinrichtung: eine Couch für 3 500 DM, zwei Sessel zu je 750 DM, einen Tisch für 980 DM und eine Stehlampe. An der Kasse zahlt Herr Tham 6 300 DM und erhält 30 DM zurück. Wie teuer ist die Stehlampe?

5. Peter erhält von seinem Onkel 45 DM geschenkt. Den 3. Teil des Geldes gibt er für den Kauf einer CD aus, den 5. Teil für eine Eintrittskarte ins Kino. Den Rest des Geldes legt er in eine Sparbüchse. Wie viel Geld hat Peter gespart?

Klassenarbeit C

(mittelschwer)

1. Zum Schuljahresbeginn kauft Fred 4 Hefte zu je 0,45 DM, 3 Rechenblöcke zu je 0,95 DM und 5 Bleistifte zu je 0,45 DM. Er zahlt mit einem 5-DM-Stück und einem 2-DM-Stück. Wie viel Geld erhält Fred an der Kasse zurück?

2. Familie Winter und Familie Sommerauer bewohnen ein Zweifamilienhaus in einer Stadtrandsiedlung. Ein Bauer liefert an Frau Winter 100 kg Kartoffeln für 46 DM, 50 kg Äpfel für 60 DM und 40 kg Birnen für 52 DM. Frau Winter gibt an Frau Sommerauer von den Kartoffeln 50 kg ab, von den Äpfeln 10 kg und von den Birnen den 4. Teil. Stelle eine Rechnung für Frau Sommerauer zusammen!

3. Herr Erling ergänzt seine Kücheneinrichtung. Er kauft zu Ratenzahlungspreisen: einen Elektroherd für 1120 DM, eine Spüle für 916 DM, 4 Stühle zu je 165 DM und einen Tisch für 574 DM. Ein Drittel des Gesamtpreises zahlt Herr Erling sofort an, den Rest begleicht er in 10 Monatsraten. Berechne die Höhe der Ratenzahlung in einem Monat!

4. Eine Wandergruppe will in 9 Tagen von Bischofsgrün aus zu der 300 km entfernt liegenden Jugendherberge Schönhaus marschieren. Während der ersten 7 Tage schafft sie täglich 32 km. Wie viele Kilometer muss sie in den letzten beiden Tagen mehr pro Tag zurücklegen, wenn sie rechtzeitig eintreffen will?

Klassenarbeit D

(mittelschwer)

1. Installateur Weber schickt dem Vater eine Rechnung über 229,40 DM. Die Materialkosten betragen 89,40 DM. Der Arbeitslohn je Stunde wird mit 20 DM verrechnet. Wie viele Stunden hat der Installateur gearbeitet?

2. Ein Heizöltank fasst 3 500 Liter Öl. Nach der Heizperiode im Winter ist nur noch der 5. Teil des Öls übrig geblieben. Wie viel kostet das Nachfüllen des Tanks mit Öl, wenn ein Liter 60 Pf kostet?

3. Ein Schiff fährt in der Stunde durchschnittlich 40 km. Sein Ziel, die Insel Minos, liegt 2 880 km vom Heimathafen entfernt. Wie viele Tage wird das Schiff unterwegs sein?

4. Ein Lastkraftwagen hat 900 kg Kartoffeln in Säcken zu je 50 kg und 480 kg Äpfel in Kisten zu je 40 kg geladen. Wie viele Säcke und Kisten sind im Laderaum verstaut?

5. Händler Groheimer bietet 6 Eier für 1,30 DM an. Wie teuer sind a) 12 Eier, b) 18 Eier und c) 60 Eier von der gleichen Größe und Qualität?

Klassenarbeit E

(schwer)

1. Weinhändler Henninger kauft 40 Flaschen Rotwein und 30 Flaschen Weißwein. Der Selbstkostenpreis für alle Weinflaschen beträgt 380 DM. Berechne seinen Gewinn, wenn er die Flasche Rotwein für 7 DM und die Flasche Weißwein für 8 DM wieder verkauft!

2. In einem vollen Behälter sind 3 hl 25 l Wasser. Das ist genau der 4. Teil der Menge, die einen zweiten Behälter füllt. Wie viele Hektoliter Wasser fassen beide Behälter zusammen?

3. Zwei Schwestern haben zusammen einen Betrag von 570 DM gespart. Susi hat auf ihrem Sparbuch 90 DM mehr gespart als Andrea. Wie viel Geld hat jedes Kind?

4. Die Mutter kauft für ihre Familie ein: ein halbes Kilogramm Butter, das kg zu 9,60 DM; ein viertel Kilogramm Kaffee, das kg zu 22 DM; 200 g Aufschnitt, das kg zu 15 DM, und 5 kg Mehl zu je 2,20 DM. Wie viel Geld muss sie an der Kasse bezahlen?

5. Eine Druckerei verschickt Bücher im Werte von 2400 DM. Ein Buch kostet 20 DM. Wie viele Versandpakete werden verpackt, wenn in jedes Paket 5 Bücher passen?

Klassenarbeit F

(schwer)

1. Herr und Frau Kluge verreisen für eine Woche in den Urlaub. Eine Rückfahrkarte der Bundesbahn kostet 123 DM. Für Unterkunft und Verpflegung muss jede Person 42 DM pro Tag zahlen. Die Nebenkosten für das Ehepaar belaufen sich auf 165 DM. Herr Kluge nimmt 1200 DM mit. Wie viel Geld bringt er heim, wenn er sich noch ein Bild für 98 DM kauft?

2. Für eine Schulsportveranstaltung setzt die Stadtverwaltung Osnabrück drei Omnibusse ein, die insgesamt 160 Kinder transportieren können. Zwei Busse sind gleich groß, der dritte Bus hat 20 Plätze weniger. Wie viele Plätze hat der kleinere Bus?

3. Obsthändler Mücke holt in der Großmarkthalle 60 Kisten Birnen ab. Eine Kiste kostet ihm selbst 30 DM. Die ersten 40 Kisten kann er zu je 50 DM verkaufen. Die restlichen Kisten muss er mit Verlust zu je 29 DM abgeben. Wie groß ist der Gewinn des Händlers?

4. Herr Neumann ist Vertreter und hat in vier Wochen insgesamt 6500 km mit dem Auto zurückgelegt. In der 1. Woche ist er 2010 km gefahren, in der 2. Woche 375 km weniger als in der 1. Woche und in der 3. Woche 562 km mehr als in der 2. Woche.
   a) Wie viele Kilometer hat Herr Neumann in der 4. Woche zurückgelegt?
   b) Berechne die durchschnittliche Fahrleistung in einer Woche!

Klassenarbeit G
(sehr schwer)

1. Ein Lieferwagen hat ein zulässiges Ladegewicht von 1 t 200 kg. Bereits aufgeladen sind 8 Kisten Orangen zu je 45 kg, 5 Fässer Sauerkraut zu je 60 kg und 6 Schachteln Bananen zu je 30 kg. Wie viele Kisten Äpfel zu je 40 kg dürfen noch aufgeladen werden, wenn das zulässige Ladegewicht nicht überschritten werden soll?

2. Ein Behälter wird durch zwei Pumpen mit einer Flüssigkeit gefüllt. Die erste Pumpe liefert stündlich 28 hl, die zweite 36 hl pro Stunde. Beide Pumpen arbeiten von 8.30 Uhr bis 12 Uhr. Dann fällt die zweite Pumpe wegen eines Motorschadens aus. Die erste Pumpe arbeitet aber weiter bis 17 Uhr. Nun ist der Behälter gefüllt. Berechne das Fassungsvermögen des Behälters!

3. Elfi kauft sich eine neue Fotoausrüstung. Die moderne Kamera kostet 422 DM, die Ledertasche dazu 49,20 DM und das Blitzgerät 98,80 DM. Ein Drittel des gesamten Kaufpreises zahlt sie sofort in bar an. Die Restschuld begleicht Elfi ohne Ratenzahlungsaufschlag in 10 Monatsraten. Berechne die Höhe einer Rate!

Klassenarbeit H
(sehr schwer)

1. Für die Nachmittagsvorstellung in einem Kino wurden 85 Karten zu je 9 DM, 59 Karten zu je 7 DM und eine bestimmte Anzahl von Karten zu je 4 DM verkauft. Die Einnahmen betrugen für die Vorstellung insgesamt 1 450 DM. Wie viele Personen besuchten die Kinovorstellung?

2. Im Heizungsraum der Familie Berger befinden sich zwei Tanks mit einem Fassungsvermögen von je 2 000 Liter. Nach einer 3-monatigen Heizperiode werden die beiden Behälter von einer Firma mit insgesamt 1 464 Liter Öl nachgefüllt. Jetzt sind die Tanks wieder voll.
   a) Wie viele Liter Öl waren vor dem Nachfüllen noch in den Tanks?
   b) Berechne den durchschnittlichen Heizölverbrauch in einem Monat!
   c) Wie viele Liter Öl dürfte Herr Berger durchschnittlich in einem Monat verheizen, wenn er mit dem vollen Inhalt der beiden Tanks 8 Monate auskommen will?

3. Herbert will sich ein Rennrad für 1800 DM kaufen. Er kann zwei Drittel des Kaufpreises sofort anzahlen. Der Händler ist damit einverstanden, dass Herbert die Restschuld ohne Aufpreis in monatlichen Raten zu je 60 DM begleicht. Nach welcher Zeit ist der Preis des Rennrades abgezahlt?

Aufgaben zu Klassenarbeiten im 2. Halbjahr

Textaufgaben im Zahlenraum 1 – 100 000

Was du in diesem Kapitel lernst:

Wenn du die folgenden Aufgaben lösen gelernt hast, bist du gut vorbereitet für die **Klassenarbeiten**, wie sie im 2. Schulhalbjahr der 4. Klasse, also in der Zeit von ca. Februar bis Juni/Juli, vom Lehrer gestellt werden. Der Zahlenraum wird bis auf 100 000 erweitert.

In diesem Kapitel lernst du weiterhin **neue Grundmuster** für das Lösen von Textaufgaben kennen.

Du wirst dann auch Aufgaben mit verschiedenen Lösungswegen ausrechnen und bekannte Größen sinnvoll umwandeln können.

Viel Erfolg!

1 Anton fährt mit dem Fahrrad von Klosterlechfeld nach dem 26 km entfernt gelegenen Augsburg. In der Minute legt er durchschnittlich 250 m zurück. Nach eineinviertel Stunden macht er eine Pause.

a) Welche Strecke ist er bis dahin gefahren?

b) Nach einer Viertelstunde radelt Anton weiter. Wie viele Stunden und Minuten hat er für den ganzen Weg gebraucht?

Im Schaubild kannst du die gegebenen Werte ablesen.

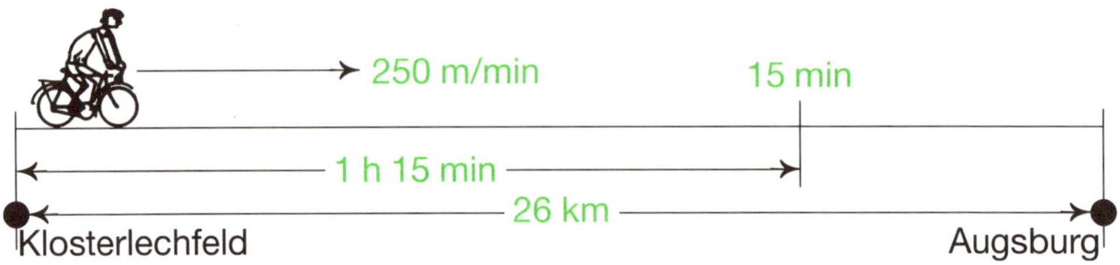

a)

1. Minuten bis zur Pause

2. Strecke bis zur Pause

Antwortsatz: ____________________

____

b)

1. Fahrzeit für die ganze Strecke

2. Gesamtzeit für die ganze Strecke

min = h min

Antwortsatz: ____________________

____

A B

2 Ein Flugzeug fliegt in 4 Stunden 3120 km weit, ein Auto fährt in 15 Minuten 24 km weit und ein Radfahrer fährt in 1 Sekunde durchschnittlich 5 m. Wie viele Kilometer legt jedes Verkehrsmittel in einer Stunde zurück?

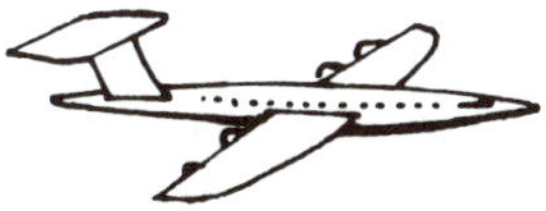

4 h ≙ 3120 km
1 h ≙ ☐ km

15 min ≙ 24 km
60 min ≙ ☐ km

1 s ≙ 5 m
☐ s ≙ ☐ m

1. 4 h

☐ km

3120 km

☐ ◯ ☐ → ☐ Flugzeugstrecke

2. 15 min — 1 h

24 km

☐ km

☐ ◯ ☐ → ☐ Autostrecke

3. 1 s ≙ 5 m
60 s ≙ ☐ m

☐ ◯ ☐ → ☐

1 min ≙ ☐ m
60 min ≙ ☐ m

☐ ◯ ☐ → ☐ Radstrecke

Wandle das Ergebnis in die Benennung Kilometer um!

Antwortsatz: ______________________________

____

3 In der Familie Horn sind beide Elternteile berufstätig. Sie verdienen im Jahr zusammen 63 060 DM. Aus den Lohnsteuerkarten geht hervor, dass Herr Horn jährlich 13 500 DM mehr verdient als seine Frau. Berechne das Jahreseinkommen von Frau Horn und von Herrn Horn!

Miss die Länge der Abschnitte im Streifenmodell mit dem Lineal nach. Du findest dann leicht die Lösung der Aufgabe.

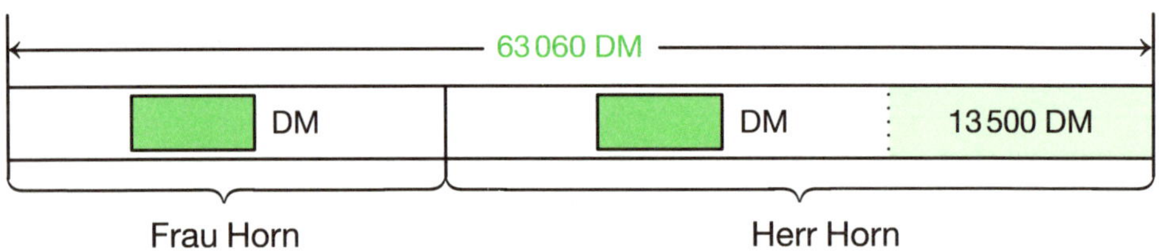

1. Wie viel DM verdienen beide Elternteile ohne den Mehrverdienst von Herrn Horn?

2. Wie viel Geld verdient Frau Horn in einem Jahr?

3. Rechne aus, wie viel DM Herr Horn in einem Jahr bekommt!

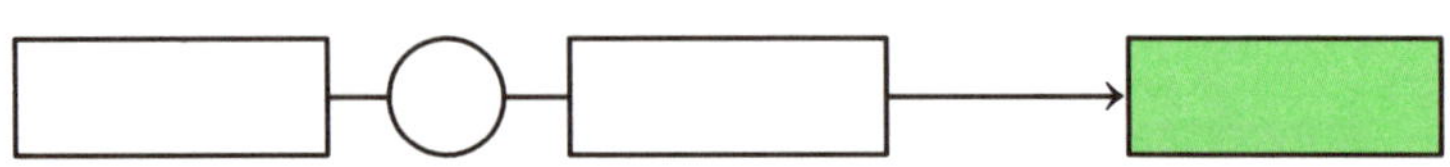

Antwortsatz: ______________________________

4 Herr Wohlers besitzt drei wertvolle Münzen. Seine beiden Goldmünzen haben einen Gesamtwert von 2610 DM, wobei die erste Münze doppelt so viel wert ist wie die zweite. Die dritte Münze ist aus Silber und halb so viel wert wie die zweite Goldmünze. Welchen Gesamtwert haben die drei Münzen?

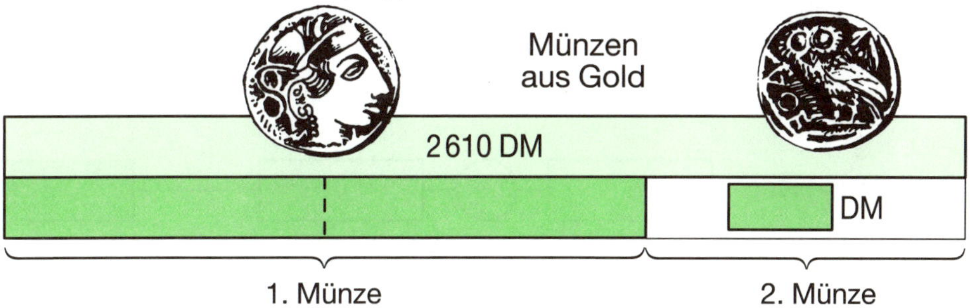

1. Berechne ein Drittel des Gesamtwertes beider Goldmünzen!

2. Verdoppele nun den Wert der zweiten Goldmünze!

3. Welchen Wert hat die Silbermünze?

4. Berechne den Gesamtwert aller drei Münzen!

Antwortsatz: ______________________________

5 Obsthändler Kirsche bezieht 75 kg Zitronen. Ein Kilogramm kostet ihm selbst 98 Pf. Einige Zitronen sind verdorben, sodass er 5 kg nicht verkaufen kann. Die übrigen Zitronen verkauft Herr Kirsche zur Hälfte am Freitag, das kg zu 1,50 DM. Die andere Hälfte gibt er am Samstag, das kg zu 1,30 DM, ab. Wie groß ist sein Gewinn?

1. Selbstkostenpreis:

2. Restmenge der Zitronen:

3. Hälfte der Restmenge:

4. Verkauf am Freitag:

5. Verkauf am Samstag:

6. Gesamtverkaufspreis aller verkauften Zitronen:

7. Verkaufspreis | Selbstkostenpreis | Gewinn

Antwortsatz: ______________________________

6 Die Gartenstühle der Ausflugsgaststätte Birkenbaum müssen neu gestrichen werden. In der Frühe beginnen 5 Maler gleichzeitig. Jeder Arbeiter benötigt zum Streichen von 4 Stühlen eine Stunde. Nach drei Stunden werden 2 Maler zu einer anderen Beschäftigung abgezogen. Die übrigen Arbeiter sind nach weiteren 4 Stunden mit ihrer Tätigkeit fertig. Wie viele Stühle wurden gestrichen?

1. Wie viele Stühle streichen 5 Maler in einer Stunde?

2. Wie viele Stühle streichen 5 Maler in drei Stunden?

3. Wie viele Maler arbeiten weiter?

4. Wie viele Stühle streichen die übrigen Maler in einer Stunde?

5. Wie viele Stühle streichen die übrigen Maler in vier Stunden?

6. Berechne die Menge der Stühle, die insgesamt gestrichen wurden!

Antwortsatz: ______________________________

____

7 Eine Malerkolonne ist auf der Neubausiedlung Hofanger eingesetzt. Ein Maler benötigt zum Streichen von 2 Türen eine Stunde. Am Morgen beginnen 7 Maler gleichzeitig. Nachdem sie 56 Türen gestrichen hatten, wurden 3 Maler abgezogen. Die übrigen Arbeiter strichen noch 24 Türen. Wie lange wurde insgesamt auf der Baustelle gearbeitet?

1. Zahl der Türen, die jeder der 7 Maler gestrichen hat

2. Anzahl der Stunden, die jeder der 7 Maler braucht

3. Zahl der Maler, die weiter arbeiten

4. Anzahl der Türen, die jeder der 4 Maler gestrichen hat

5. Zahl der Stunden, die jeder der 4 Maler braucht

6. Anzahl der Stunden, die insgesamt auf der Baustelle gearbeitet wurden

Antwortsatz: ____________________

____

8 Herr Groß will in seinem Garten ein kleines Rosenbeet in Form eines Rechtecks anlegen, das 2 m 40 cm lang und 1 m 60 cm breit ist. Er möchte das Beet mit Randsteinen einfassen. Der laufende Meter kommt auf 15,50 DM.

a) Wie teuer ist die ganze Umrandung?

b) Würde Herr Groß farbige Randsteine nehmen, so käme die Einfassung auf 140 DM. Berechne den Mehrpreis für einen Meter!

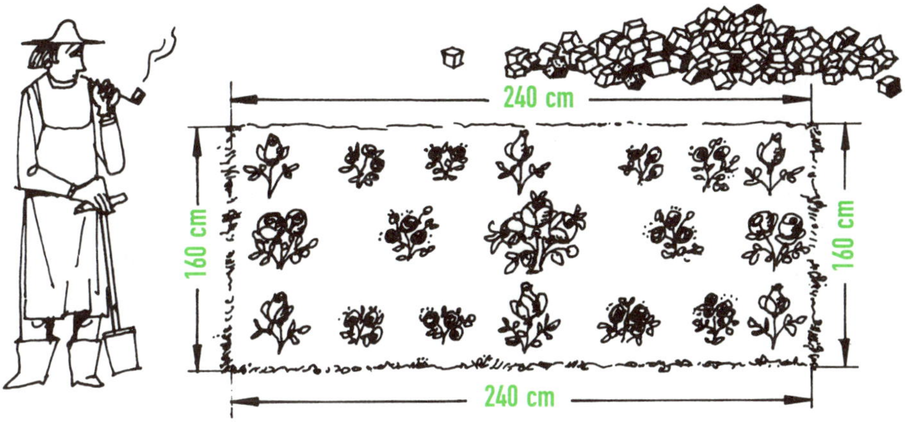

a) 1. ☐ ☐ ☐ ☐ → ◯ → ___ m ___ cm Umfang des Rechtecks

2. ☐ ◯ ☐ → ___ Preis der Umrandung

Antwortsatz: ______________________________

b) 1. ☐ ◯ ☐ → ___ Mehrpreis für die farbige Umrandung

2. ☐ ◯ ☐ → ___ Mehrpreis für 1 m farbige Randsteine

Antwortsatz: ______________________________

9 Die Strecke von Stuttgart nach Ulm beträgt 85 km. Herr Braun fährt mit seinem Auto um 9.15 Uhr vom Hauptbahnhof Stuttgart ab und kommt um 10.05 Uhr in Ulm an. Mit welcher Stundengeschwindigkeit (Kilometer pro Stunde) fuhr Herr Braun?

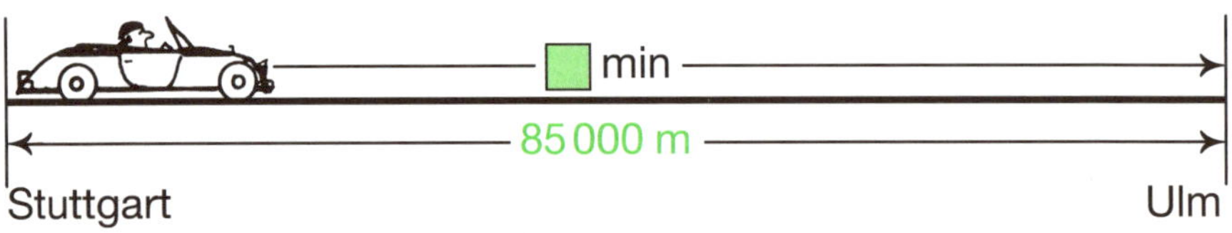

1. Wie viele Minuten ist Herr Braun unterwegs?

2. Wie viele Meter legt Herr Braun in einer Minute zurück?

3. Wie viele Meter fährt Herr Braun in 60 Minuten?

4. Wandle das Ergebnis in die Benennung Kilometer um!

m = km

Antwortsatz: ______________________________

10 Weinhändler Friedrich bietet in einem Karton 6 Flaschen Wein zu 33,60 DM an. Bei größeren Bestellungen liefert der Händler den gleichen Wein in Kisten zu je 18 Flaschen. Rechne aus, wie teuer 18 Flaschen Wein sind!

Lösungsweg A:
Schließe von 6 Flaschen auf 1 Flasche, dann auf 18 Flaschen!

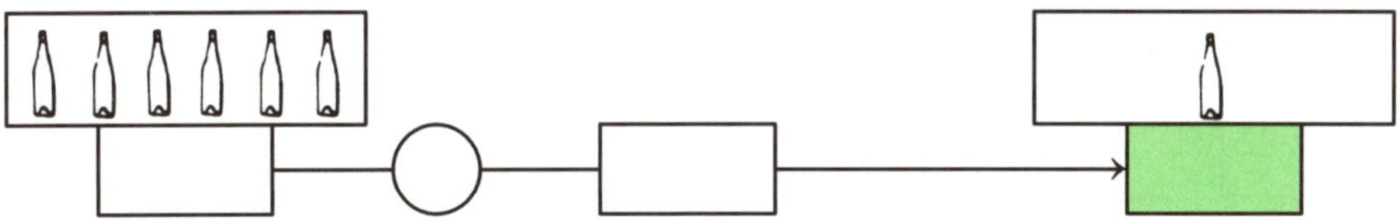

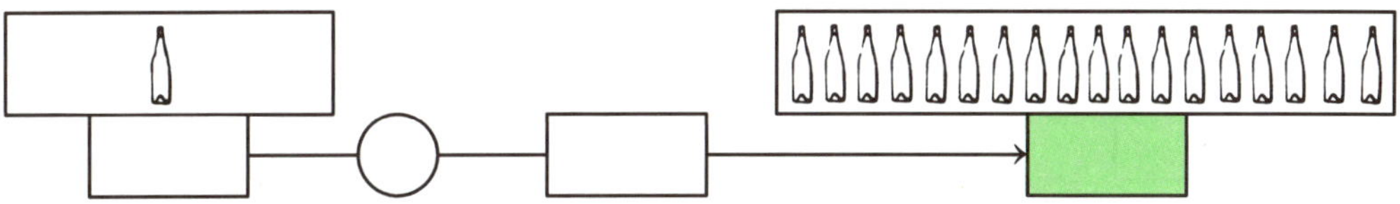

Lösungsweg B:
Schließe direkt von 6 Flaschen auf 18 Flaschen Wein!

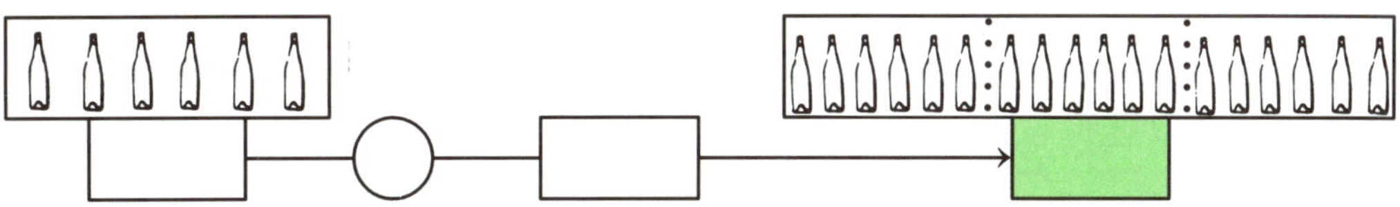

Antwortsatz: ______________________________

____

11 Zum Wochenende kauft Vater unter anderem 15 Dosen Limonade ein. Jeweils 3 Dosen sind in einer Tragetasche verpackt, wobei 6 Dosen 9 DM kosten. Rechne auf zwei Arten aus, wie viel Vater zu bezahlen hat!

Lösungsweg A:
Schließe von 6 Dosen auf 1 Dose, dann auf 15 Dosen!

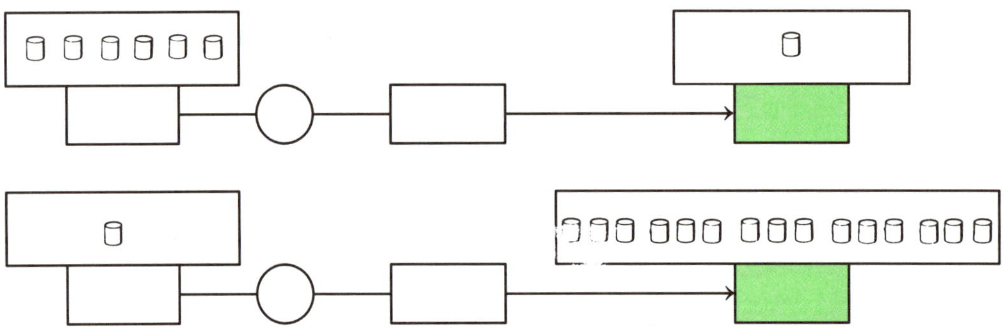

Lösungsweg B:
Schließe von 6 Dosen auf 3 Dosen, dann auf 15 Dosen!

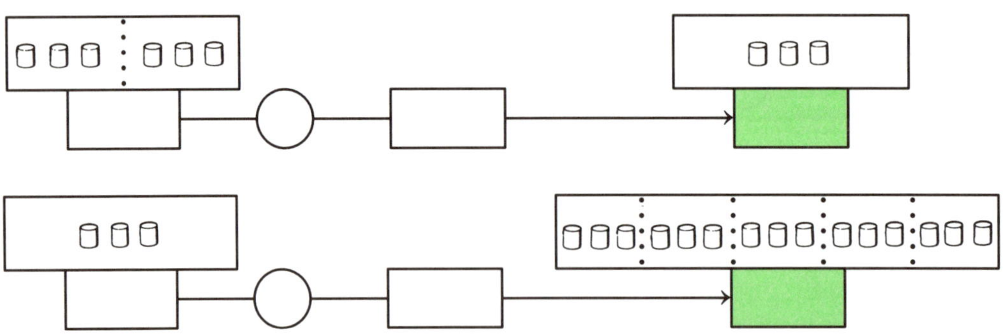

Antwortsatz: ______________________________

12 Um 9.10 Uhr fährt von Utting am Ammersee ein Ausflugsschiff nach Dießen ab, das für die 9 km lange Strecke 30 Minuten braucht. Zur gleichen Zeit fährt in Dießen ein Motorboot, das durchschnittlich in einer Stunde 27 km zurücklegt, auf geradem Wege nach Utting ab. (Benutze den Rechenvorteil!)

a) Wann kommt das Motorboot in Utting an?

b) Welche Entfernung haben beide Schiffe um 9.20 Uhr voneinander?

Abfahrt: 9.10 Uhr
Utting

Abfahrt: 9.10 Uhr
Dießen

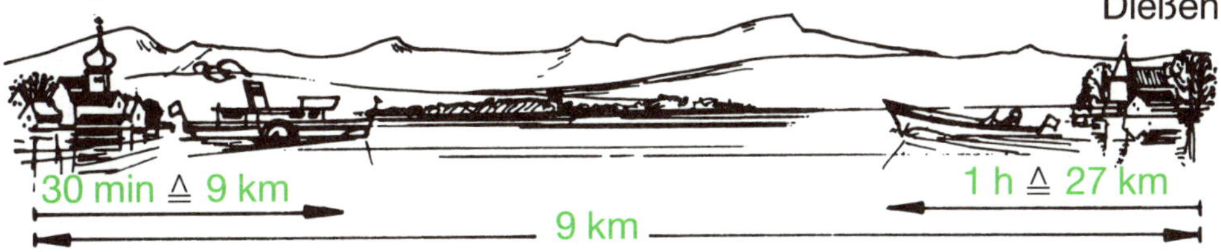

a) 27 km — ○ — 9 km → [ ]

60 min — ○ — [ ] → [ ]

9.10 Uhr —(+ □ min)→ [ ] Uhr

Antwortsatz: ____________________

b) Welche Strecke legt das Ausflugsschiff in 10 Minuten zurück?

30 min — ○ — 10 min → [ ]

9 km — ○ — [ ] → [ ]

Welche Strecke fährt das Motorboot in 10 Minuten?

27 000 m — ○ — 60 → [ ]

[ ] — ○ — 10 → [ ]

[ ] — ○ — [ ] → [ ] Strecke beider Schiffe

[ ] — ○ — [ ] → [ ] Abstand beider Schiffe

Antwortsatz: ____________________

13 Manfred legt die 19 km lange Strecke von Koblenz nach Miehlen in einer Stunde zurück. Zuerst fährt er 20 Minuten bergauf, wobei er in der Minute durchschnittlich 200 m zurücklegt. Dann bleibt die Strecke im Großen und Ganzen eben.

a) Berechne die Länge des ebenen Streckenabschnittes!

b) Wie viele Meter legt Manfred auf der Ebene in 1 Minute zurück?

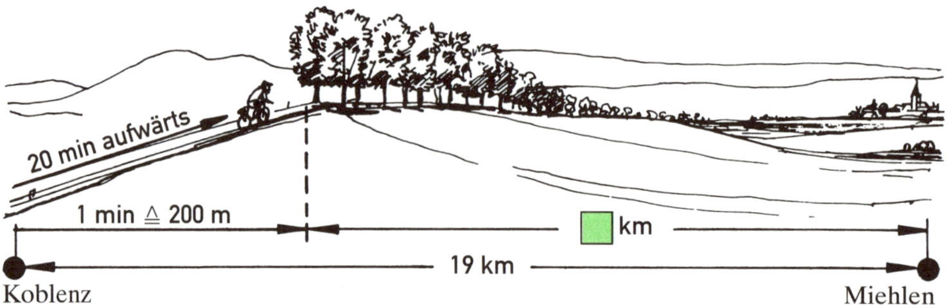

Verfolge den Fahrradweg von Manfred genau und rechne!

a) ansteigende Strecke

ebene Strecke

Antwortsatz: ____________________

b) Fahrzeit für den ebenen Streckenabschnitt

Strecke in 1 Minute auf der Ebene

Kannst du das Ergebnis mit der Benennung Kilometer angeben?

Antwortsatz: ____________________

____

14 Wilhelm ist ein guter Dauerläufer. Er startet um 11.10 Uhr von Gefrees aus nach dem 12 km 480 m entfernt gelegenen Münchberg und legt in der Sekunde durchschnittlich 4 m zurück. Um 11.40 Uhr folgt ihm ebenfalls von Gefrees aus mit dem Rad sein Freund Oswald, der in der Sekunde 8 m fährt.

a) Wann erreicht Wilhelm die Stadt Münchberg?

b) Um wie viel Uhr gelangt Radfahrer Oswald nach Münchberg?

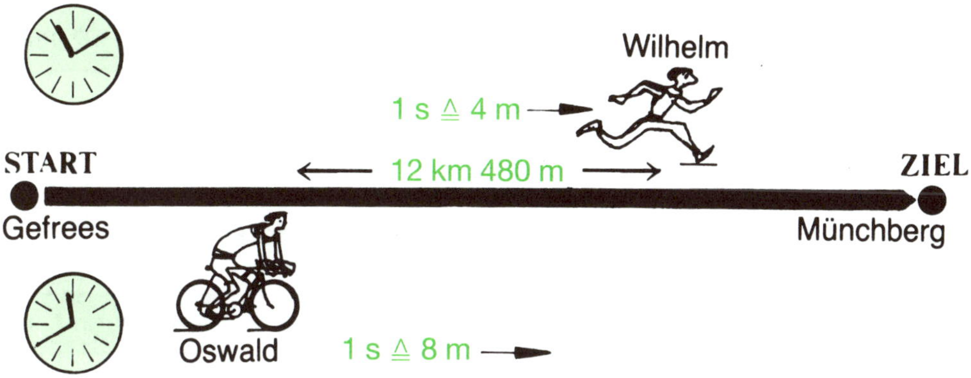

a) Wie viele Sekunden bzw. Minuten benötigt Wilhelm für die Strecke?

Wann kommt der Dauerläufer in Münchberg an?

Antwortsatz: ______________________________

b) Wie viele Sekunden bzw. Minuten braucht der Radfahrer für die Strecke?

Wann gelangt Radfahrer Oswald nach Münchberg?

Antwortsatz: ______________________________

Texto merkt sich:
Zu jedem Grundmuster gibt es mindestens zwei *Umkehrungen.*
Beispiel:

1. Preis	+	2. Preis	=	Gesamtpreis
Gesamtpreis	–	1. Preis	=	2. Preis
Gesamtpreis	–	2. Preis	=	1. Preis

Neue Grundmuster für Textaufgaben

1

Strecke in 1 min		Anzahl der min		Strecke in 75 min
250 m	·	75	→	18750 m

2

Strecke in 4 h		Anzahl der Stunden		Strecke in 1h
3120 km	:	4	→	780 km

3

Wert der 1. Münze		das Doppelte		Wert der 2. Münze
870 DM	·	2	→	1740 DM

4

Gewicht der gelagerten Ware		die Hälfte verdirbt		Gewicht der verdorbenen Ware
70 kg	:	2	→	35 kg

5

Einkaufspreis		Unkosten		Selbstkostenpreis
5200 DM	+	800 DM	→	6000 DM

6

Selbstkostenpreis		Gewinn		Verkaufspreis
6000 DM	+	1200 DM	→	7200 DM

7

Gesamtstrecke		Teilstrecke pro Stunde		Anzahl der Stunden
27 km	:	9 km	→	3

Klassenarbeit A
(leicht)

1. a) Welche Zahl ist um 1315 kleiner als die Summe aus 3715 und 4879?
   b) Berechne die Differenz der Zahlen 9489 und 8449 und vervielfache das Ergebnis mit 12!

2. Von zwei Schwestern hat Ilse 15,47 DM, Gerda 8,53 DM. Wie viel DM muss Ilse der Gerda geben, dass beide gleich viel Geld haben?

3. Ein Gartenbecken fasst 420 hl. Es soll mit Wasser gefüllt werden. Die Zuflussröhren liefern in einer Stunde 80 hl Wasser. Wie viele Liter fehlen noch nach 5 Stunden?

4. Ein Kraftfahrzeugmeister verdient täglich 212 DM, ein Mechaniker 171,20 DM. Wie viel Geld verdient der Meister mehr in einer Stunde als der Mechaniker, wenn sie beide 8 Stunden am Tag arbeiten?

5. Fräulein Süßwirth kauft sich eine Stereoanlage zum Ratenzahlungspreis von 2350 DM. 750 DM zahlt sie im Geschäft an, den Rest will sie in Monatsraten zu je 200 DM abzahlen. Nach wie vielen Monaten ist das Gerät abgezahlt?

Klassenarbeit B
(leicht)

1. a) Vermindere das Neunfache von 874 um das Vierfache von 1793!
   b) Vergrößere 6410 um das 6fache von 473 und subtrahiere vom Ergebnis den 6. Teil von 120!

2. Herr Lang kauft sich ein Auto für 7350 DM. An Zubehör erhält er 2 Halogenscheinwerfer zu je 135 DM, Schonbezüge für 287 DM und 4 Winterreifen zu je 96 DM. Da Herr Lang sofort zahlt, gewährt ihm der Händler einen Preisnachlass von insgesamt 325 DM. Wie viel Geld bleibt Herrn Lang übrig, wenn er 8500 DM vom Sparbuch abgehoben hat?

3. Der Fahrer eines Lieferwagens bringt 60 Pakete Waschpulver zu je 7,25 DM. Wie lautet die Rechnung?

4. Ein Kinobesitzer nimmt bei einer Nachmittagsvorstellung 3600 DM ein. Er hat 200 Karten für den 1. Platz zu je 8 DM, 250 zweite Plätze zu je 6 DM und 100 dritte Plätze verkauft. Wie viel kostet die Eintrittskarte für den 3. Platz?

5. Ein Händler hat auf seinem Lieferwagen 545 kg Kartoffeln, 6 Kisten Äpfel zu je 80 kg und 7 Kartons Zitronen zu je 25 kg aufgeladen. Wie viele Fässer Wein zu je 60 kg darf er noch zuladen, wenn das zulässige Ladegewicht seines Wagens 1 t 500 kg beträgt?

Klassenarbeit C

(mittelschwer)

1. a) Wie viel muss man von 7368 abziehen, damit genauso viel herauskommt, wie wenn man 35 mit 42 malnimmt?
   b) Um wie viel übertrifft das 76fache von 325 den 45. Teil von 28350?

2. Die Firma Hanauer zahlt für jeden ihrer 15 Lastkraftwagen monatlich rund 200 DM Steuern an das Finanzamt. Berechne die Jahressteuer für den gesamten Wagenpark!

3. Ein Fuhrunternehmer muss mit seinem Lastwagen 680 dz Zement von seinem Geschäft zu einer 20 km entfernten Baustelle fahren. Er kann bei jeder Fahrt 40 dz aufladen. Welche Fahrstrecke hat er nach ausgeführter Arbeit zurückgelegt?

4. Ein Autofahrer startet zu einer Ausflugsfahrt ins Gebirge mit 45 l im Tank. Nach 480 km Fahrt zeigt die Benzinuhr nur noch 5 l an. Wie viele Kilometer kann er mit dem Reservebenzin noch fahren?

5. Kathrin und Elfi haben zusammen 1296 DM gespart. Elfi hat 280 DM mehr als Kathrin. Wie viel Geld hat jedes Mädchen gespart?

Klassenarbeit D

(mittelschwer)

1. Die Summe dreier Zahlen ergibt 90468. Die erste Zahl heißt 23657, die zweite ist doppelt so groß wie die erste. Wie heißt die 3. Zahl?

2. Ein Personenzug fährt um 10.39 Uhr weg. Berechne die Ankunftszeit am Bestimmungsort, wenn der Zug 150 Minuten unterwegs ist!

3. Metzgermeister Hanke hat in seinem Laden die Wurst- und Fleischpreise wie folgt ausgezeichnet: 100 g Aufschnitt = 1,65 DM; 1 kg Schweinefleisch = 10,80 DM und 50 g Speck = 95 Pf. Mutter kauft ein: 800 g Aufschnitt, 250 g Schweinefleisch und 200 g Speck. Wie viel Geld muss sie an der Kasse bezahlen?

4. Gemüsehändler Frischen kauft in der Großmarkthalle 35 Kisten Karotten zu je 18 kg, die Kiste zu 27 DM. In seinem Geschäft verkauft er das Pfund zu 0,90 DM.
   a) Wie hoch ist der Selbstkostenpreis der Karotten?
   b) Welchen Gewinn erzielt Herr Frischen?

5. Herr Köhler unternahm eine Autofahrt ins Grüne. In seinem Notizblock vermerkte er, dass der Kilometerzähler zu Beginn der Fahrt 73898 km anzeigte, nach der Rückkehr 74228 km.
   a) Welche Strecke wurde beim Ausflug zurückgelegt?
   b) Wie viele Liter Benzin wurden verbraucht, wenn der Motor für 15 km 1 Liter Benzin benötigte?
   c) Wie hoch waren die Ausgaben für Benzin, wenn 1 Liter 1,60 DM kostete?

Klassenarbeit E
(schwer)

1. Ziehe von der 7fachen Summe der Zahlen 4708 und 8003 den 8. Teil der Zahl 99400 ab!

2. Eine Röhre füllt in einer Viertelstunde ein Becken mit 3 hl Wasser. Eine andere Röhre würde zum Füllen desselben Beckens nur 10 Minuten brauchen.
   a) Wie viel Liter Wasser liefert die 1. Röhre bzw. die 2. Röhre in 1 Minute?
   b) Wann würde das Becken gefüllt sein, wenn beide Röhren gleichzeitig um 7.55 Uhr geöffnet werden?

3. Ein Charter-Flugzeug startet in München um 17.30 Uhr und fliegt nach Berlin. Es legt in der Minute 9 km 500 m zurück. Eine Stunde später startet von Berlin aus nach München ein Linien-Flugzeug, das in der Minute 10 km fliegt.
   a) Welche Strecke legt das Charter-Flugzeug bzw. das Linienflugzeug in einer Stunde zurück?
   b) Wann landet das Linienflugzeug in München, wenn die Entfernung Berlin-München 990 km beträgt?

4. Zwei Geschwister zählen ihre Briefmarken. Martin besitzt 284 Marken, seine Schwester Tina hat um die Hälfte mehr. Wie viel Briefmarken müsste Tina dem Martin geben, damit sie beide gleich viel haben?

Klassenarbeit F
(schwer)

1. Welche Zahl muss man von 56487 abziehen, damit genauso viel herauskommt, wie wenn man 1708 mit 23 malnimmt?

2. Multipliziere die Summe der Zahlen 1045 und 997 mit der Differenz derselben Zahlen und dividiere das Ergebnis durch 8!

3. Zwei Freunde wandern gern. Herr Alster wohnt in Weiden, Herr Bertram im 34 km entfernt gelegenen Mitterteich. Beide gehen um 8.30 Uhr los, um sich zu treffen. Herr Alster legt in der Stunde 5 km 200 m zurück, Herr Bertram 5 km 600 m. Wie weit sind sie um 11 Uhr noch voneinander entfernt?

4. Horst fährt gern mit dem Rad. Es hat einen Tachometer mit Kilometerzähler. Horst schreibt jeden Tag in seinem Kalender auf, welche Strecke er gefahren ist. In drei Tagen hat er insgesamt 120 km zurückgelegt. Beim Vergleich der Tagesleistungen stellt er fest, dass er an jedem Tag zufällig immer 8 km mehr gefahren ist als am Vortag.
   a) Welche Strecke hat er jeweils an den einzelnen Tagen zurückgelegt?
   b) Am 3. Tag ist er mit dem Rad 3 Stunden unterwegs gewesen. Wie weit fährt Horst durchschnittlich in einer halben Stunde?

Klassenarbeit G

(sehr schwer)

1. Subtrahiere von der größten sechsstelligen Zahl den 55. Teil von 228 690 und addiere zum Ergebnis die Zahl 51 098!

2. In der Autoreparaturwerkstatt Morigl arbeiten 3 Meister und 7 Gesellen. Jeder arbeitet am Tag 8 Stunden, in der Woche 40 Stunden. Der Stundenlohn des Meisters beträgt 21,50 DM. Die Lohnbuchstelle des Betriebs zahlt am Ende der Woche insgesamt 7 760 DM Lohn an seine Beschäftigten aus. Wie viel Geld erhält ein Geselle
   a) in einer Woche,
   b) in einer Stunde,
   c) an einem Tag?

3. Herr Müller kaufte sich ein Auto zum Ratenzahlungspreis von 13 700 DM. Davon bezahlte er 9 200 DM in bar an. Den Restbetrag wollte er in 12 gleichen Monatsraten bezahlen. Nachdem Herr Müller 3 Raten bezahlt hatte, fasste er den Entschluss, die übrige Schuld in nur 5 gleichen Monatsraten zu begleichen. Rechne aus, wie viel er monatlich mehr zahlen muss als bisher!

4. Es sollen 360 Äpfel an 15 Jugendliche und ebenso viele Kinder so verschenkt werden, dass jeder Jugendliche zweimal so viele bekommt wie ein Kind.

Klassenarbeit H

(sehr schwer)

1. Vier Zahlen ergeben zusammen die kleinste 6-stellige Zahl. Die erste Zahl heißt 14 780, die zweite Zahl ist genau halb so groß wie die erste. Die dritte Zahl ist viermal so groß wie die zweite. Wie heißt die vierte Zahl?

2. Karl hat für die Mutter 9 Pfund Orangen und 15 Pfund Pfirsiche eingekauft. Die Kassiererin hat Karl auf 30 DM 4,95 DM herausgegeben. Die Mutter möchte wissen, wie viel 1 Pfund Pfirsiche gekostet hat. Karl weiß aber nur noch, dass 1 Pfund Orangen 1,45 DM kostet.

3. In einem Textilgeschäft enthält ein Ballen 30 m Kleiderstoff. Ein Meter kostet 8,40 DM. Die Verkäuferin verkauft zuerst 3 m 4 dm, dann 5 m 8 cm, schließlich noch 11 m 52 cm. Den Stoffrest veräußert sie für insgesamt 70 DM. Um wie viel DM hat sie 1 m des Stoffrestes billiger abgegeben?

4. Ein Becken fasst 102 Hektoliter. Bei geöffnetem Wasserhahn fließen in jeder Minute 75 l Wasser in das leere Becken. Um 10.35 Uhr ist das Becken gerade bis zur Hälfte gefüllt. Um wie viel Uhr ist das Becken ganz gefüllt?

Aufgaben für die Aufnahmeprüfungen

Textaufgaben im Zahlenraum 1 – 1 000 000

Was du in diesem Kapitel lernst:

Im letzten Teil des Buches werden schwierigere Textaufgaben gestellt. Für die Lösung einer Aufgabe sind mehrere Rechenschritte erforderlich. Deshalb ist dieses Kapitel in erster Linie für die Schüler gedacht, die sich auf den **Übertritt** an eine weiterführende Schule (Realschule, Gymnasium) gut vorbereiten wollen. Mithilfe von Bildern, Rechenplänen und weiteren Lösungshilfen kannst du auch diese letzte Hürde spielerisch meistern.

Diese „Prüfungsaufgaben" sind auch für alle Schüler geeignet, die gerne **üben** wollen, denen das Lösen auch von schwierigeren Textaufgaben Spaß macht.

Viel Erfolg!

1 Die Gemeinde Germering plant ein neues Freizeitheim. Von den Baukosten in Höhe von 709 467 DM zahlt die Gemeinde ein Drittel, der Staat zwei Drittel. Die Kosten für die zugehörigen Sportanlagen und Geräte betragen 124 600 DM, wovon die eine Hälfte die Gemeinde, die andere Hälfte ein Sportverein bezahlt. An weiteren Auslagen für die Gemeinde fallen an: Grundstückskosten 375 000 DM, Ausstattung mit Möbeln 34 560 DM, Außenanlagen 62 630 DM. Berechne die Gesamtkosten, die der Gemeinde bei der Errichtung des Freizeitheimes entstehen!

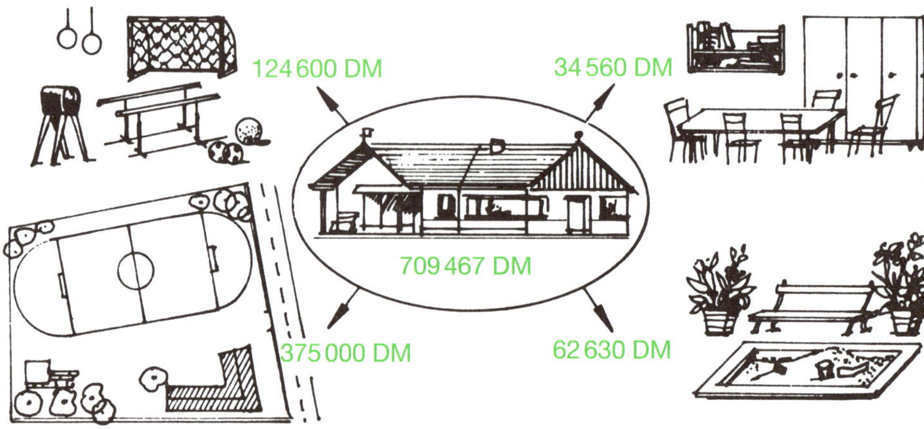

1. Gemeindeanteil an den Baukosten

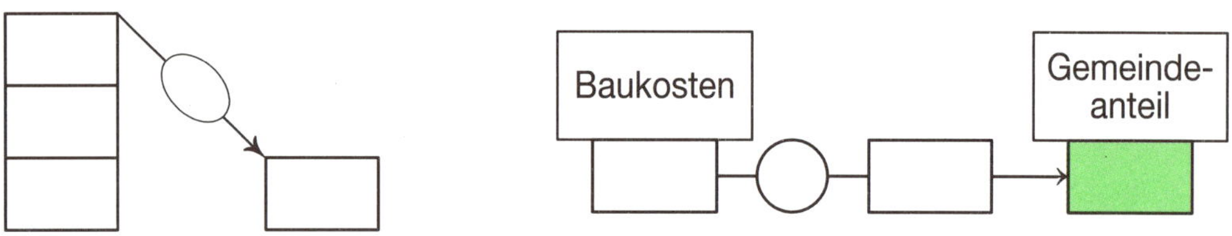

2. Gemeindeanteil an den Kosten für Anlagen und Geräte

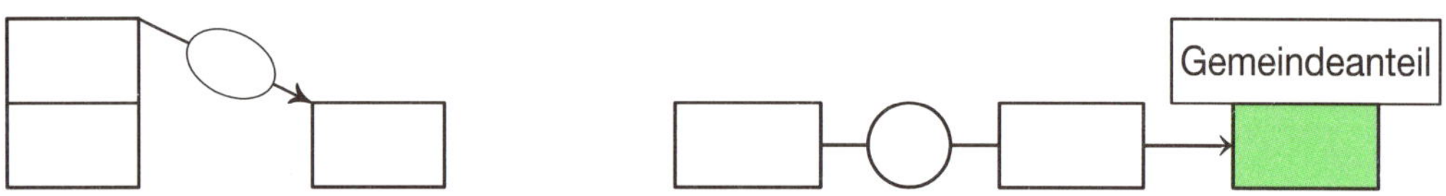

3. Gesamtkosten für die Gemeinde Germering

Antwortsatz: ____

2 Busunternehmer Meisinger kaufte für 125 600 DM einen Omnibus und zahlte beim Kauf 95 000 DM an. Den Restbetrag wollte er in 18 gleichen Monatsraten abzahlen. Nachdem Herr Meisinger 12 Raten bezahlt hatte, beglich er die Restschuld früher als geplant in 4 gleichen Monatsraten. Um wie viel DM erhöhte er die Monatsrate?

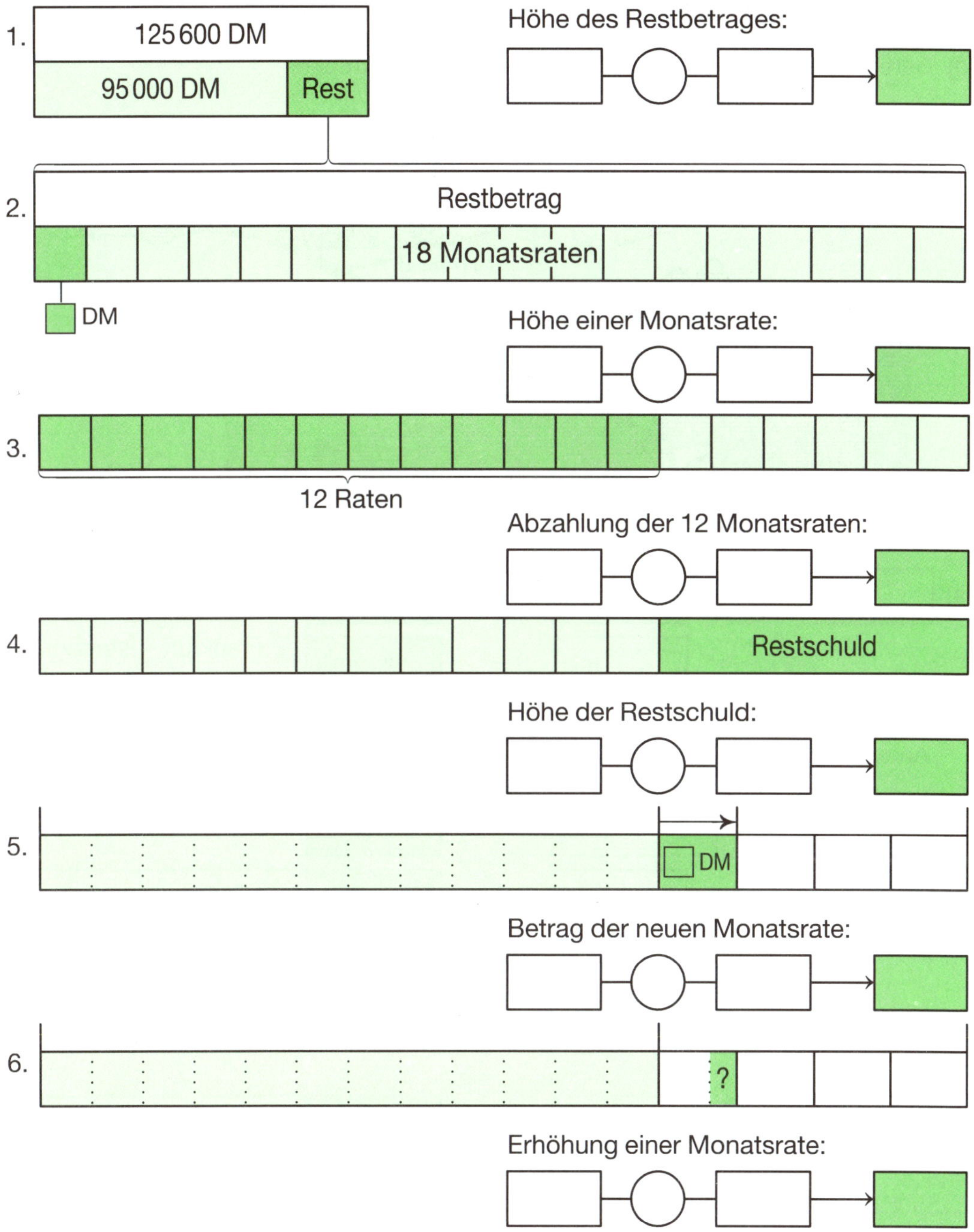

Antwortsatz: ____

3 Ein Airbus der Lufthansa fliegt von Frankfurt über Istanbul nach Kairo. Auf der 1. Teilstrecke von 1 848 km hat der Airbus Rückenwind und fliegt mit einer Geschwindigkeit von 11 km in der Minute. Beim Weiterflug herrscht auf der 2. Teilstrecke Gegenwind, sodass das Flugzeug für die 1 242 km lange Teilstrecke 2 Stunden 18 Minuten braucht.

a) Wie lange braucht das Flugzeug von Frankfurt nach Istanbul?
b) Wie viele km legt es von Istanbul nach Kairo in 1 Minute zurück?
c) Berechne die reine Flugzeit für die gesamte Flugstrecke!

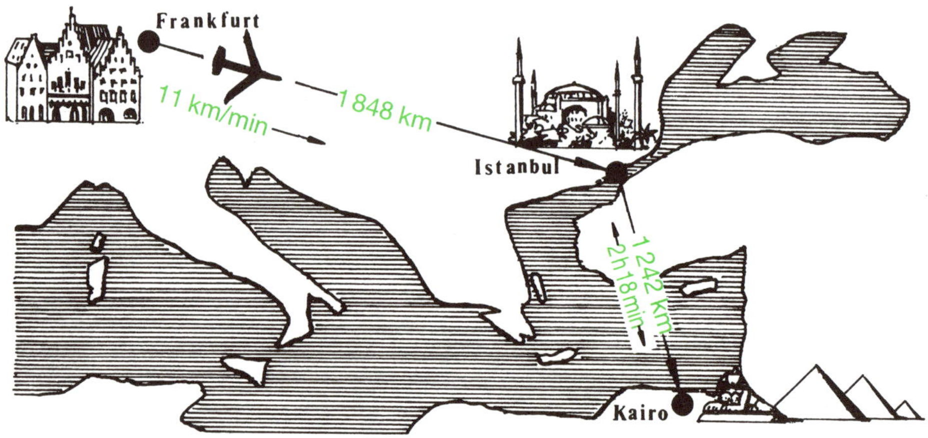

a) ☐ ◯ ☐ → ☐ Flugzeit: Frankfurt – Istanbul

☐ min = ☐ h ☐ min

Antwortsatz: ____________________

b) ☐ h ☐ min = ☐ min

☐ ◯ ☐ → ☐ Flugstrecke in 1 min Istanbul – Kairo

Antwortsatz: ____________________

c) ☐ ◯ ☐ → ☐ Flugzeit: Frankfurt – Kairo

☐ min = ☐ h ☐ min

Antwortsatz: ____________________

4 Für eine Geburtstagsfeier kauft Mutter 20 Stück Gebäck. Sie lässt sich dreimal so viele Obstkuchenstücke wie Käsekuchenstücke einpacken und bezahlt dafür insgesamt 34,50 DM. Wie viel kostet ein Stück Käsekuchen, wenn ein Obstkuchenstück für 1,80 DM ausgezeichnet ist? (Rechne mit Pfennigen!)

Überlege!

Anzahl der Käsekuchenstücke: x

Anzahl der Obstkuchenstücke: $3 \cdot x$

Anzahl aller Kuchenstücke: $x + 3 \cdot x = 4 \cdot x$

$4 \cdot x = 20$

1. ☐ ◯ ☐ → ☐ Stückzahl der Käsekuchen
2. ☐ ◯ ☐ → ☐ Stückzahl der Obstkuchen
3. ☐ ◯ ☐ → ☐ Preis der Obstkuchenstücke
4. ☐ ◯ ☐ → ☐ Preis der Käsekuchenstücke
5. ☐ ◯ ☐ → ☐ Preis **eines** Käsekuchenstückes

Antwortsatz: ______________________________

5 Petra kauft für die Mutter ein, die ihr einen genauen Einkaufszettel mitgibt: 250 g Butter, das kg zu 8,60 DM; 18 Eier, von denen 6 Stück 1,30 DM kosten; 20 Semmeln, von denen 5 Semmeln mit 0,98 DM ausgezeichnet sind; 3 Tafeln Schokolade. Petra zahlt mit einem 20-DM-Schein und erhält an der Kasse 4,03 DM zurück. Wie teuer ist eine Tafel Schokolade?

Benutze den Rechenvorteil und rechne auch mündlich!

1. ☐ ◯ ☐ → ☐ Preis für 250 g Butter
2. ☐ ◯ ☐ → ☐ Preis für 18 Eier
3. ☐ ◯ ☐ → ☐ Preis für 20 Semmeln
4. ☐ ◯ ☐ ◯ ☐ → ☐ Teilsumme
5. ☐ ◯ ☐ → ☐ Gesamtausgabe
6. ☐ ◯ ☐ → ☐ Preis für 3 Tafeln
7. ☐ ◯ ☐ → ☐ Preis für 1 Tafel

Antwortsatz: ______________________________

AB 6 2002/2003 4b

6 Herr Pistorius kaufte bei der Firma Haller ein gebrauchtes Auto für 3800 DM. Er zahlte beim Kauf 920 DM an. Es wurde vereinbart, den Rest in 12 gleichen Monatsraten zu bezahlen. Nachdem Herr Pistorius 7 Raten bezahlt hatte, beglich er die Restschuld durch Erhöhung der monatlichen Rate auf 400 DM. Nach wie vielen Monaten insgesamt wurde das Auto bezahlt?

1.
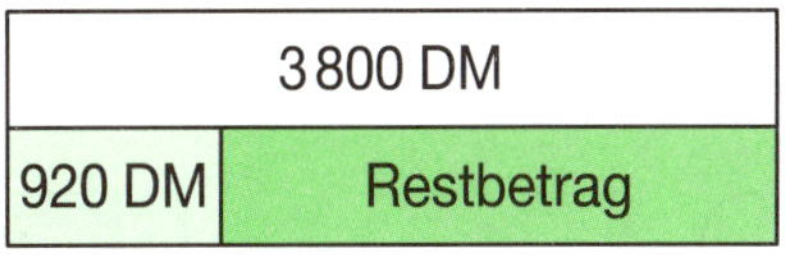

Höhe des Restbetrages:

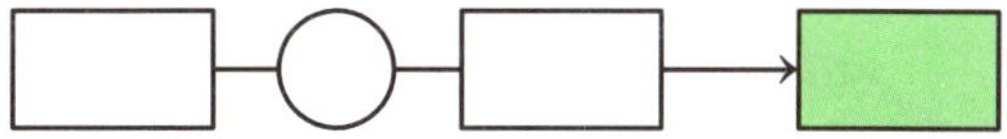

2.
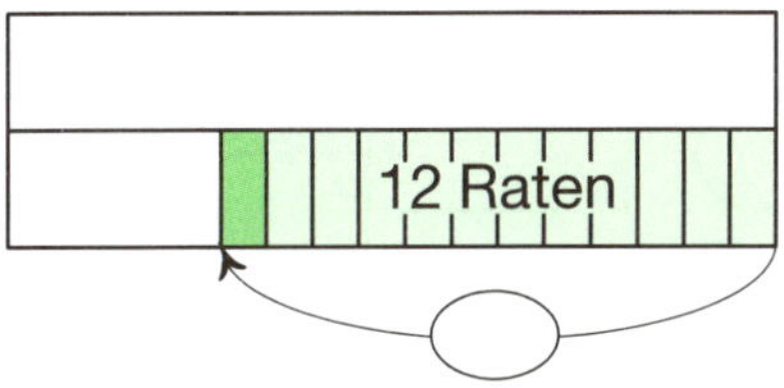

Betrag einer Monatsrate:

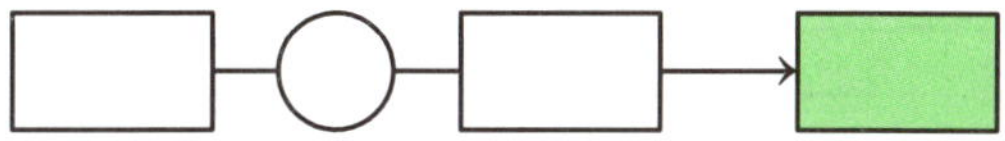

3.
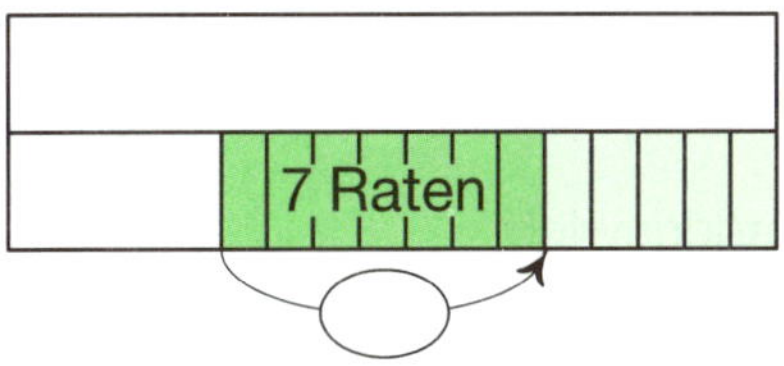

Betrag der 7 Monatsraten:

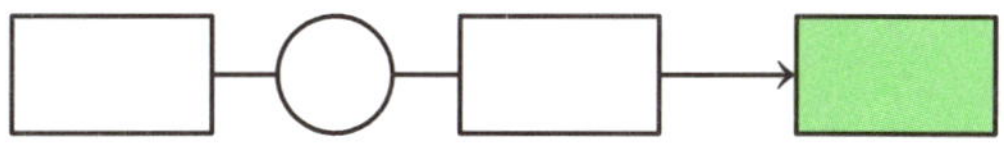

4.
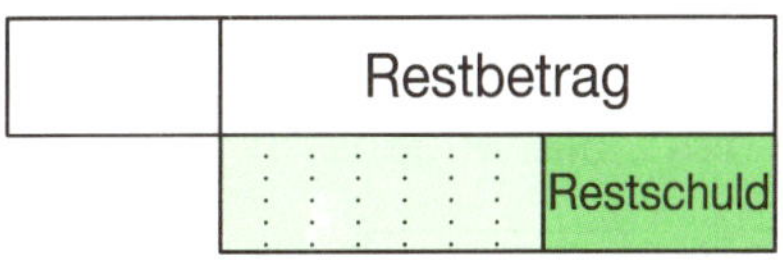

Höhe der Restschuld:

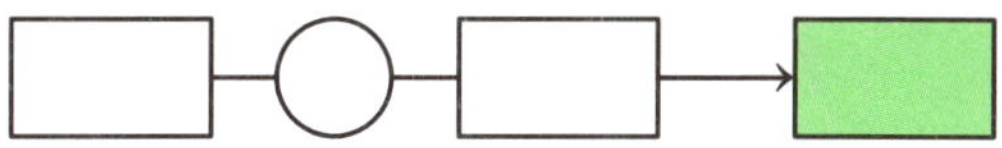

5.
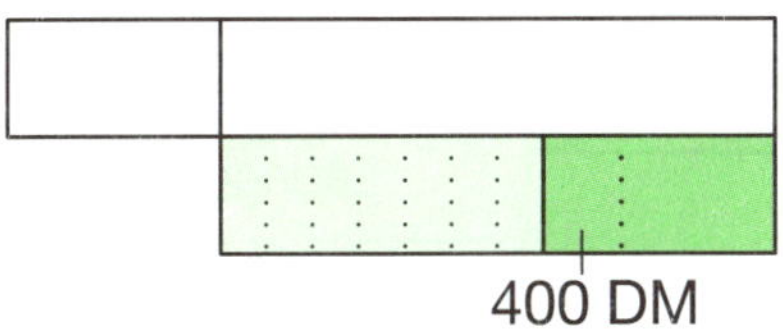

Anzahl der erhöhten Monatsraten:

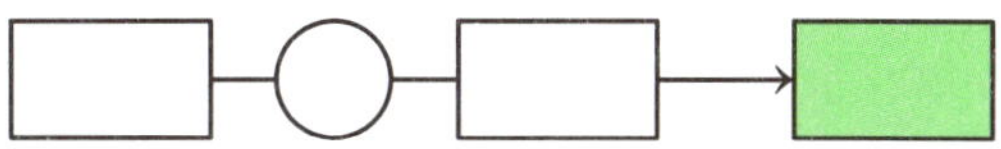

6.
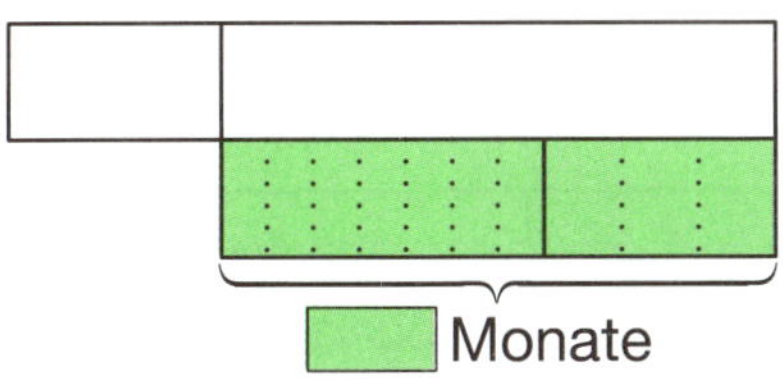

Gesamtzahl der Monate:

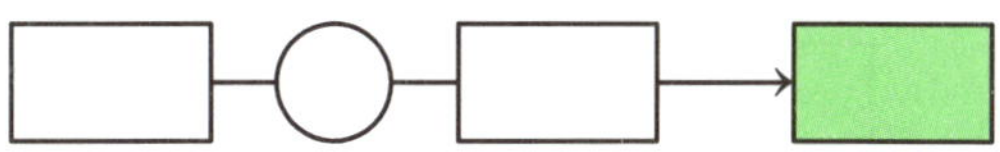

Antwortsatz: ____

7 Ein Lieferwagen der Firma Wobau bringt 80 Steine zu je 4 kg 50 g, 50 Ziegel zu je 5 kg 400 g und 175 Fliesen zu je 3 kg. Auf der Waage hat der Lieferwagen zusammen mit der Ladung ein Gewicht von 2 t 919 kg. Auf der nächsten Baustelle werden alle Steine und Ziegel und ein Teil der Fliesen abgeladen. Der Lieferwagen wiegt jetzt nur noch 1 t 950 kg.

a) Berechne das Leergewicht des Lieferwagens!

b) Wie viele Fliesen wurden auf der Baustelle abgeladen?

a)

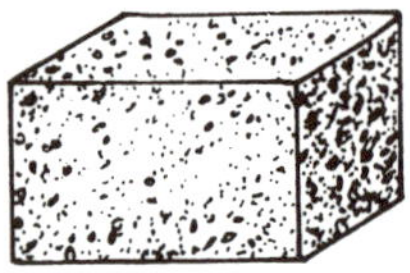

4 kg 50 g

1. Gewicht der 80 Steine

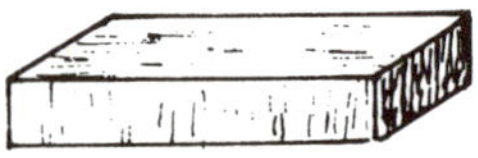

5 kg 400 g

2. Gewicht der 50 Ziegel

3 kg

3. Gewicht der 175 Fliesen

4. Gesamtes Ladegewicht

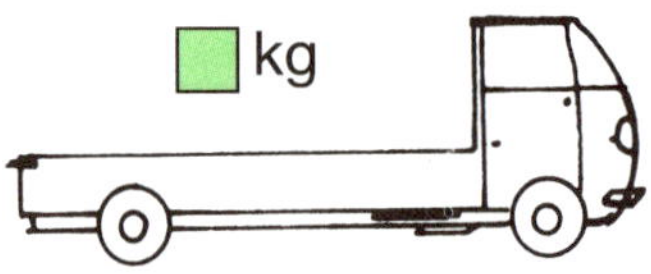

5. Leergewicht des Lieferwagens

b) 1. restliches Ladegewicht

2. Anzahl der Fliesen auf der Ladefläche

3. Stückzahl der abgeladenen Fliesen

Antwortsatz: ____________________

8 Norbert fährt mit dem Rad die 66 km lange Strecke von Freudenstadt nach Reutlingen. Er legt in der Stunde durchschnittlich 18 km zurück. Von Freudenstadt bis Horb braucht er 1 Stunde und 20 Minuten. Nach einer kurzen Kaffeepause fährt er mit derselben Geschwindigkeit nach Reutlingen weiter.

a) Wie viele Kilometer ist er bis Horb gefahren?

b) Wie lange braucht Norbert für die Strecke Horb-Reutlingen?

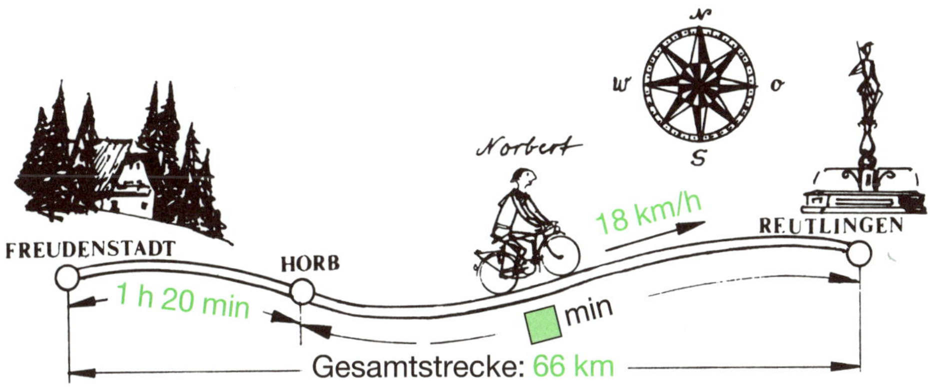

a) 1. ☐ ◯ ☐ → ☐ Meter in 1 Stunde

2. ☐ ◯ ☐ → ☐ Meter in 1 Minute

3. ☐ ◯ ☐ → ☐ Meter in 80 Minuten

Antwortsatz: ______________________________

b) 1. Wie viele Meter beträgt die Strecke Horb – Reutlingen?

☐ ◯ ☐ → ☐

2. Wie viele Minuten braucht Norbert für die Strecke Horb – Reutlingen?

☐ ◯ ☐ → ☐

3. Wandle das Ergebnis in Stunden und Minuten um!

☐ ◯ ☐ → ☐

Antwortsatz: ______________________________

AD 6 45 2002/2003

9 Herr Neumann will eine 6,48 m breite und 2,50 m hohe Wand tapezieren. Er bezahlt für 3 Rollen Tapeten und ein Päckchen Kleister, das 2,50 DM kostet, insgesamt 55 DM. Eine Rolle ist 10 m lang und 54 cm breit.

a) Berechne den Preis für 1 Rolle Tapeten!
b) Für wie viele Bahnen an der Wand reicht eine Rolle?
c) Wie viele Bahnen sind nötig, um die ganze Wand zu bedecken?
d) Wie viele Rollen werden für das Tapezieren der Wand gebraucht?

a) ☐ ○ ☐ → ☐ Preis für 3 Rollen

☐ ○ ☐ → ☐ Pf ☐ DM Preis: 1 Rolle

Antwortsatz: ______________________________

b) ☐ ○ ☐ → ☐ Anzahl der Bahnen für eine Rolle

Antwortsatz: ______________________________

c) ☐ ○ ☐ → ☐ Anzahl der Bahnen für die Wand

Antwortsatz: ______________________________

d) ☐ ○ ☐ → ☐ Anzahl der Rollen für die Wand

Antwortsatz: ______________________________

10 Der Hochbehälter des Wasserzweckverbandes von Gunzenhausen fasst 4 120 Hektoliter. Er enthält noch 1 576 hl Wasser. Eine Pumpe kann in 1 Sekunde 8 Liter Wasser in den Hochbehälter pumpen. Wie viele Stunden und Minuten muss die Pumpe in Betrieb sein, bis der Hochbehälter wieder gefüllt ist?

Mit folgenden Maßen musst du rechnen:

1 hl = 100 l; 1 h = 60 min; 1 min = 60 s

1. Wie viele Liter Wasser müssen in den Hochbehälter nachgefüllt werden?

☐ ◯ ☐ → ___ hl ___ l

2. Wie viele Sekunden dauert das Nachfüllen des Behälters?

☐ ◯ ☐ → ☐

3. Rechne die Anzahl der Sekunden in Minuten um!

☐ ◯ ☐ → ☐

4. Wandle die Minuten in Stunden und Minuten um!

☐ ◯ ☐ → ☐

Antwortsatz: ______________________________

11 Familie Altmann aus München verbrachte in den letzten Jahren häufig ihren Urlaub in Riccione an der Italienischen Adria. Ihr Auto benötigte 1993 für die 700 km lange Strecke Benzin im Werte von 91,35 DM, von dem damals der Liter 1,45 DM kostete.

a) Wie viele Liter Benzin verbrauchte das Auto auf 100 km?

b) Drei Jahre später kostete ein Liter Benzin 1,58 DM. Um wie viel DM kommt 1996 eine Fahrt teurer?

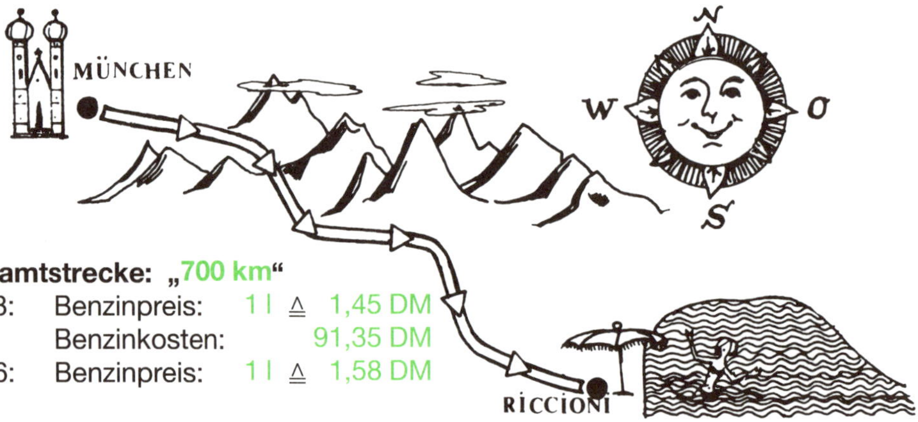

Gesamtstrecke: „700 km"

1993:	Benzinpreis:	1 l ≙ 1,45 DM
	Benzinkosten:	91,35 DM
1996:	Benzinpreis:	1 l ≙ 1,58 DM

a) Überlege vorweg: 100 km ist der wie vielte Teil von 700 km?

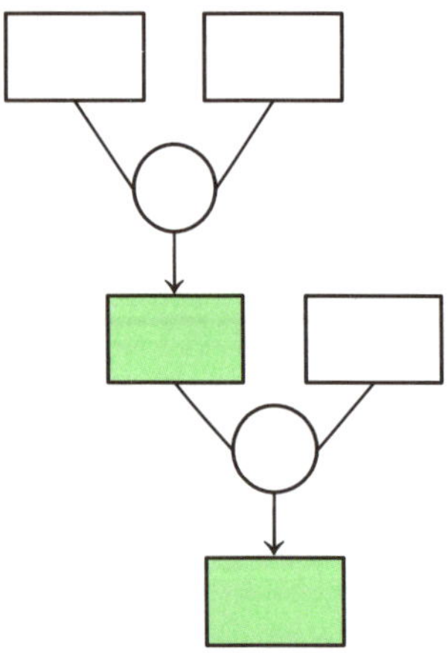

Es gibt zwei Lösungswege!

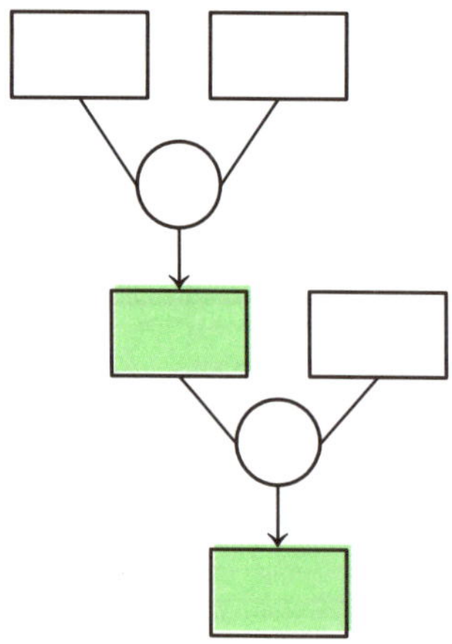

Antwortsatz: ______________________________

b) Drei Jahre später ist das Benzin viel teurer geworden.

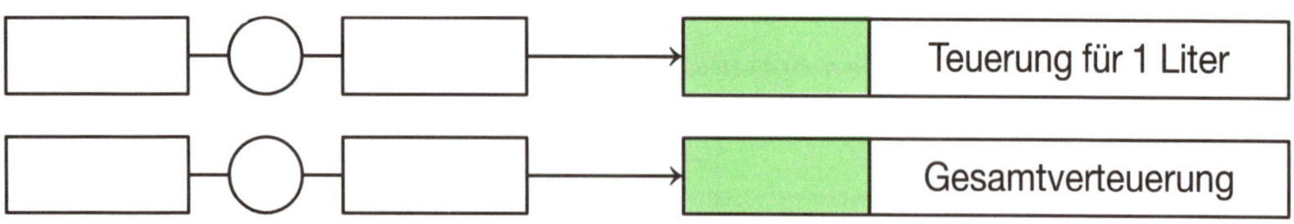

Antwortsatz: ______________________________

12 Frau Krämer kauft im Lebensmittelgeschäft Gunglsteiner ein: 7 Brezen zu je 0,50 DM, Butter für 2,50 DM und Obst für 6,70 DM. Nun nimmt sie für ihre Nachbarin noch 3 Gläser Marmelade mit. Frau Krämer kann aber zu Hause den Kassenzettel für die Marmelade nicht mehr finden. Sie stellt jedoch fest, dass sich von dem mitgenommenen Geldbetrag in Höhe von 30 DM nur noch 7,55 DM in der Brieftasche befinden.

a) Wie viel muss die Nachbarin für die 3 Gläser Marmelade bezahlen?

b) Wie teuer ist ein Glas Marmelade?

a) ☐ ◯ ☐ → ☐ Preis für 7 Brezen

☐ ◯ ☐ ◯ ☐ → ☐ Ausgaben für Brezen, Butter, Obst

☐ ◯ ☐ → ☐ ausgegebenes Geld

☐ ◯ ☐ → ☐ Preis für 3 Gläser

Antwortsatz: ____________________

b) ☐ ◯ ☐ → ☐ Preis für 1 Glas

Antwortsatz: ____________________

____

13 Das Schwimmbecken der Grundschule Hohenfels fasst 400 000 Liter. Es kann durch zwei Röhren mit Wasser gefüllt werden. Die erste liefert 200 Liter in der Minute, die zweite 300 Liter in der Minute.

a) Wie viele Stunden und Minuten brauchen beide Röhren, um das leere Becken zu füllen?

b) Wegen eines technischen Schadens kann die erste Röhre nicht eingesetzt werden. Wie viele Stunden und Minuten benötigt die zweite Röhre alleine zur Füllung des Beckens, wenn der Abflusshahn nicht ganz zugedreht wurde und pro Minute wieder 50 Liter Wasser auslaufen?

a)

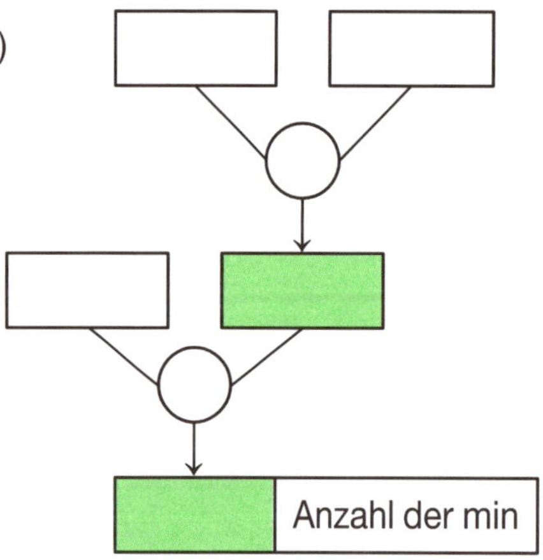

Wandle die Minuten in Stunden und Minuten um!

____ min = ____ h ____ min

Antwortsatz: ______________________________

____

____

b)

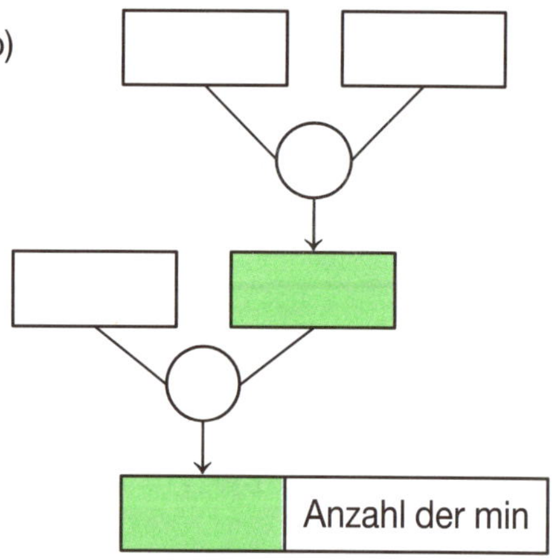

Rechne die Minuten in Stunden und Minuten um!

____ min = ____ h ____ min

Antwortsatz: ______________________________

____

____

14 Ein Transportflugzeug startet zu einem Atlantikflug mit einem Gesamtgewicht von 145 Tonnen und landet mit einem Gesamtgewicht von 114 t 760 kg auf einer Bahamainsel.

a) Wie lange ist das Flugzeug unterwegs gewesen, wenn es pro Flugminute 48 kg Kerosin verbraucht hat?

b) Welche Strecke hat das Flugzeug zurückgelegt, wenn seine durchschnittliche Geschwindigkeit 580 km pro Stunde beträgt?

a)

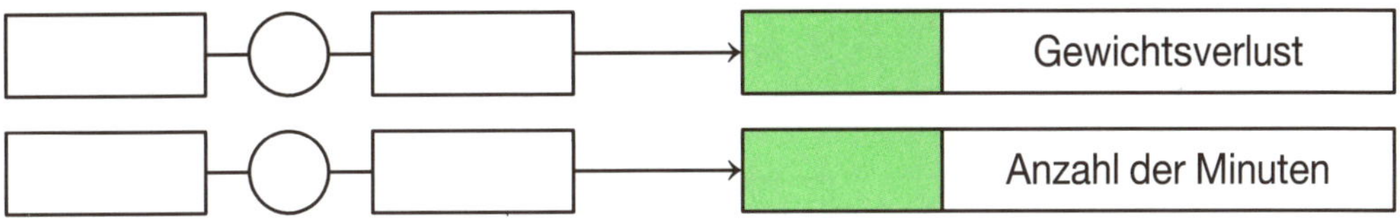

Antwortsatz: ______________________________

b) Wandle die Minuten um: ☐ min = ☐ h ☐ min

Berechne nun die zurückgelegte Flugstrecke:

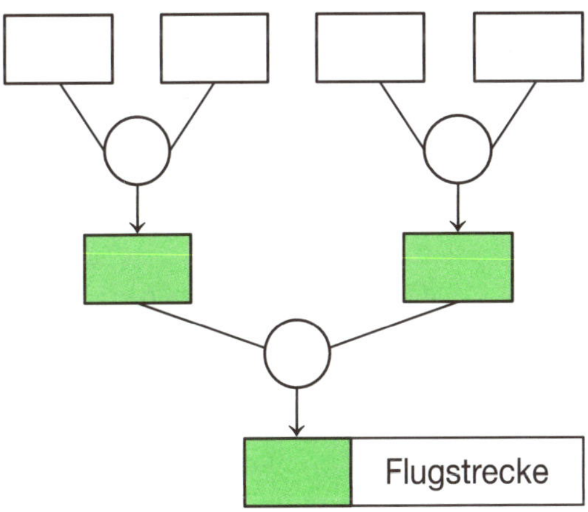

Antwortsatz: ______________________________

Texto merkt sich:
Löse jede Aufgabe **schrittweise!**

Beispiel: Frau Krüger fährt mit ihren drei Kindern mit der Bahn ins Gebirge. Eine Erwachsenen-Karte kostet 84 DM; Kinder zahlen die Hälfte. Wie viel Geld erhält sie am Schalter zurück, wenn sie mit drei 100-DM-Scheinen zahlt?

4 Rechenschritte:

1. Schritt:	84 DM	:	2	=	42 DM
2. Schritt:	42 DM	·	3	=	126 DM
3. Schritt:	84 DM	+	126 DM	=	210 DM
4. Schritt:	300 DM	–	210 DM	=	90 DM

Weitere Grundmuster für Textaufgaben

1	Baukosten	+	Grundstückskosten			=	Gesamtkosten
2	Restbetrag	:	Anzahl der Raten			=	Höhe einer Rate
3	Flugstrecke	:	Strecke pro min			=	Anzahl der Minuten
4	Gesamtpreis	–	Anzahlung			=	Restbetrag
5	Einzelgewicht	·	Anzahl der Gewichte			=	Gesamtgewicht
6	Einzellänge	·	Anzahl der Längen			=	Gesamtlänge
7	Abfahrtszeit	+	Fahrzeit	+	Rastzeit	=	Ankunftszeit
8	Anzahl l pro sec	·	Anzahl der sec			=	Gesamtzahl der l
9	Gesamtverbrauch (l)	:	Verbrauch (l) pro km			=	Anzahl der km

Aufnahmeprüfung A

1. Drei Zahlen betragen zusammen 133 847. Die erste Zahl heißt 45 609; die zweite Zahl ist um den 3. Teil kleiner als die erste Zahl. Wie heißt die dritte Zahl?

2. Horst unternimmt zum Wochenende eine Radtour von Weißenburg aus zu seinem Onkel nach Dillingen. Er fährt am Samstagmorgen eine Viertelstunde vor 8 Uhr von der Stadtkirche in Weißenburg ab, legt in Donauwörth eine halbe Stunde Rast ein und kommt schließlich um 12.10 Uhr in Dillingen an. Wie viele Kilometer ist er gefahren, wenn er in der Minute 280 m zurückgelegt hat?

3. Obsthändler Kirsche kauft in der Großmarkthalle 75 kg Äpfel zum Preis von 1,60 DM je kg. Er verkauft den 3. Teil der Menge zu 1,90 DM je kg. Zu welchem kg-Preis muss er die restliche Menge Äpfel verkaufen, wenn er insgesamt einen Gewinn von 27,50 DM erzielen will?

4. Eine Reisegruppe von H-W-Reisen besucht in Heraklion auf der Insel Kreta das dortige Heimatkundemuseum. Die 25 Erwachsenen und 10 Kinder zahlen umgerechnet zusammen 150 DM Eintrittsgeld. Kinder entrichten nur den halben Preis. Wie teuer ist eine Karte für Erwachsene?

Aufnahmeprüfung B

1. Wie groß ist die Differenz (Unterschied) zwischen dem Neunfachen von 14 508 und dem achten Teil von 400 768?

2. Eine Linienmaschine der Lufthansa startet in Berlin um 11.20 Uhr, um nach dem 936 km entfernten München zu fliegen. Sie legt in der Minute durchschnittlich 9 km zurück.
   a) Welche Strecke fliegt sie in einer Sekunde, in einer Stunde?
   b) Wann landet das Flugzeug in München?

3. Ilse soll für ihre Mutter Lebensmittel einkaufen: 18 Eier, von denen 6 Stück 1,50 DM kosten; 250 g Butter, das Kilo zu 9,60 DM und eine bestimmte Anzahl von Brezen. Von den mitgenommenen 10 DM erhält sie an der Kasse 1,35 DM zurück. Wie viele Brezen zu je 35 Pf hat Ilse für die Mutter gekauft?

4. Angelika will sich schon lange einen Radiowecker kaufen, der bei Barzahlung 185,50 DM kosten würde. Sie kann aber diesen Kaufpreis nicht sofort aufbringen. Sie überlegt sich deshalb, ob eventuell ein Ratenkauf in Frage kommt. In diesem Fall verlangt der Händler Jungmann einen Aufpreis von 18,50 DM. Dabei beträgt die Anzahlung für das Gerät 78 DM. Der Rest ist in 9 Monatsraten zu zahlen. Wie viel Geld muss Angelika pro Monat für eine Rate bezahlen?

Aufnahmeprüfung C

1. Multipliziere (vervielfache) die Summe der Zahlen 1 194 und 208 mit der Differenz der Zahlen 208 und 178 und subtrahiere (ziehe ab) vom Ergebnis den 6. Teil der Zahl 522!

2. Die Gartenbaufirma Drescher legt für eine Neubausiedlung die Gartenwege an. Es werden insgesamt 5 000 Steinplatten benötigt. 3 740 Platten sind bereits angefahren. Zwei Lieferwagen bringen den Rest, wobei jeder nur 90 Platten laden kann.
   a) Wie oft muss jeder der zwei Lieferwagen noch fahren?
   b) Wie teuer sind alle Platten, wenn 1 Stück 12 DM kostet?

3. Otto möchte sich gern ein Tourenrad kaufen. Es kostet 250 DM. Vom Onkel Heinz bekommt er 50 DM. Otto überlegt: Wenn ich achtmal die Hälfte meines monatlichen Taschengeldes dafür weglege, dann fehlen mir immer noch 80 DM zum Kauf des Rades. Wie viel Taschengeld erhält Otto im Monat?

4. Werner fährt am Wochenende gern mit dem Rad ins Grüne. Diesmal ist sein Ziel der Ammersee. In der Sekunde legt er dabei durchschnittlich 6 m zurück. Nach 16 km 200 m macht er eine Viertelstunde Rast. Um 10.05 Uhr setzt er seine Fahrt wieder fort und erreicht um 10.55 Uhr sein Ausflugsziel, den Ammersee.
   a) Wann ist Werner von zu Hause weggefahren?
   b) Welche Strecke hat er insgesamt zurückgelegt?

Aufnahmeprüfung D

1. Multipliziere die Differenz der Zahlen 5 408 und 783 mit 34 und addiere den 8. Teil der Zahl 4 552. Wie heißt das Ergebnis?

2. Im Bayerischen Wald wird eine Umgehungsstraße von 24 km 415 m Länge von zwei Seiten aus gleichzeitig gebaut. Von der einen Seite schafft der Bautrupp täglich 50 m Straßenlänge, von der anderen Seite erstellt die Baukolonne täglich nur 45 m.
   a) In wie vielen Tagen wird die gesamte Straßenlänge fertiggestellt?
   b) Wie viele Arbeitswochen (1 Woche = 5 Arbeitstage) und Tage sind das?

3. Das Unternehmen Rowex hat vier Vertreter A, B, C und D. Im Jahre 1995 erhielt A 3 500 DM Umsatzprämie, das ist der 3. Teil der Prämie von B. Vertreter C erhielt die Hälfte von B, D das Doppelte von A. Welche Gesamtprämie zahlte das Unternehmen für seine vier Vertreter im Jahre 1995 aus?

4. Das Fußballstadion des SV Nordheim verfügt über 12 000 Plätze. Es hat dreimal so viele Stehplätze wie Sitzplätze. Ein Sitzplatz kostet 8 DM mehr als ein Stehplatz. Bei einem ausverkauften Spiel können 108 000 DM eingenommen werden. Wie teuer ist ein Stehplatz?

Aufnahmeprüfung E

1. a) Von welcher Zahl muss man die vierfache Summe der Zahlen 708 und 124 abziehen, um den 6. Teil von 27156 zu erhalten?
   b) Um wie viel ist die dreifache Differenz der Zahlen 124507 und 89740 größer als der 15. Teil von 16965?

2. Tuchhändler Fischer kauft 420 m Vorhangstoff für 37 DM je Meter ein. Zunächst kann er den Stoff mit Gewinn für 49 DM je Meter verkaufen, bis er 18620 DM eingenommen hat. Den Rest des Stoffes muss er mit einem geringen Verlust für 35 DM je Meter als Sonderangebot veräußern. Wie hoch ist sein Gewinn?

3. Herr Gruber besitzt ein Auto, dessen Tank 55 Liter fasst. Eine Tankfüllung mit Normalbenzin kostet 85,25 DM.
   a) Wie teuer ist 1 Liter Normalbenzin?
   b) Um wie viel DM würde die gleiche Tankmenge mit Superbenzin teurer sein, wenn 1 l Super 8 Pf mehr kostet als 1 l Normalbenzin?

4. Der Aussichtsturm am Weißenstein hat 7 gerade Treppen aus Stein und eine hölzerne Wendeltreppe. Jede der geraden Treppen hat 16 Stufen mit je 15 cm Höhe. Die Wendeltreppe besteht aus 58 Stufen mit je 1 dm 2 cm Höhe. Wie hoch steht man am oberen Ende der Wendeltreppe über dem Boden?

Aufnahmeprüfung F

1. Vermindere 15204 um 13798 und multipliziere (vervielfache) das Ergebnis mit dem sechsten Teil von 522!

2. Herr Lange fährt mit drei Freunden von Stuttgart aus nach dem italienischen Badeort Cattolica. Die Strecke für Hin- und Rückfahrt beträgt insgesamt 1800 km. Sein Auto verbraucht auf 100 km 9 l Benzin. Jeder der drei Freunde beteiligt sich an den Benzinkosten mit 75 DM. Wie viel muss Herr Lange noch selber für Benzin dazuzahlen, wenn 1 Liter 1,50 DM kostet?

3. Ein Inter-City-Zug fährt um 14.43 Uhr in München ab und kommt um 15.57 Uhr im 144 km entfernten Ulm an. Er hält nur einmal kurz in Augsburg für 2 Minuten.
   a) Welche Strecke legt der Schnellzug in einer Stunde zurück?
   b) Wie viel kostet die einfache Fahrt von München nach Ulm, wenn für 1 km der 2. Klasse 24 Pf zu zahlen sind und ein Zuschlag von 10 DM erhoben wird?

4. Joachim übt auf der Aschenbahn seines Sportvereins Singen 04 Dauerlauf. Er stellt auf Grund seines Trainingsplans fest, dass er in 3 Tagen noch 4 km 500 m laufen muss. Er beschließt, jeden Tag 500 m mehr zu laufen als am Vortag. Wie weit wird er jeweils an den einzelnen Tagen kommen?

Aufnahmeprüfung G

1. Dividiere (teile) die Zahl 626 760 durch 8 und addiere (zähle hinzu) zum Ergebnis den 15fachen Unterschied der Zahlen 7 408 und 3 590!

2. Im Jahre 1980 kostete 1 Liter Benzin 1,20 DM. Zehn Jahre später war Benzin viel teurer, sodass man nur noch 40 Liter für den Betrag erhielt, den man früher für 50 Liter ausgab.
   a) Berechne den Preis für 1 Liter Benzin im Jahr 1990!
   b) Wie viel muss Vater für 40 l Benzin im Jahr 1990 mehr bezahlen als im Jahr 1980?

3. Die vierten Klassen der Grundschule Hohenwart veranstalten einen gemeinsamen Schulausflug ins Gebirge. Für die 180 Kinder stehen 3 große und 2 kleinere Busse zur Verfügung. In den großen Bussen können jeweils 10 Kinder mehr Platz finden als in den kleineren. Alle vorhandenen Plätze werden belegt. Busunternehmer Meisinger verlangt für jeden großen Bus 192 DM, für jeden kleineren 157,50 DM Fahrkosten.
   a) Wie viele Kinder haben in einem großen, in einem kleinen Bus Platz?
   b) Wie viel zahlt jedes Kind für den Ausflug, wenn die gesamten Fahrkosten gleichmäßig auf alle Kinder verteilt werden?

Aufnahmeprüfung H

1. a) Zählt man zu einer Zahl den 6. Teil der Differenz der Zahlen 5 989 und 2 509 hinzu, so erhält man das 8fache von 156. Wie heißt diese Zahl?
   b) Zieht man von dem Unterschied der Zahlen 15 608 und 12 307 eine Zahl ab, so erhält man den 15. Teil von 1 335. Wie heißt diese Zahl?

2. Drei Geschwister, Bernd, Martin und Julia helfen während der Sommerferien ihrem Onkel bei Arbeiten auf dem Bauernhof. Sie teilen den Betrag von 615,60 DM wie folgt auf: Der ältere Bruder Bernd erhält auf Grund seiner Arbeitsleistung den dritten Teil des Geldes. Den Rest teilen sich Martin und Julia so auf, dass Martin doppelt so viel erhält wie Julia. Wie viel Geld erhält jedes Kind?

3. Ein Schwimmbecken hat ein Fassungsvermögen von 456 hl. Es kann durch zwei Zuflussröhren gefüllt werden, wovon die 1. Röhre in der Stunde 25 hl, die zweite in derselben Zeit 32 hl Wasser liefert.
   a) Nach wie vielen Stunden ist das Becken gefüllt, wenn beide Röhren gleichzeitig in Betrieb sind?
   b) Bei einer anderen Füllung kann wegen eines technischen Versagens der 2. Röhre nur die 1. Röhre für 8 Stunden 30 Minuten geöffnet werden. Wie viele Liter fehlen dann noch, bis das Becken wieder gefüllt ist?

Aufnahmeprüfung I

1. Mit welcher Zahl muss man die Summe der Zahlen 16 und 42 multiplizieren, um die Differenz der Zahlen 115 391 und 45 269 zu erhalten?

2. Ich denke mir eine Zahl. Wenn ich sie mit 8 multipliziere, diesen Wert durch 250 dividiere (teile) und zu diesem Ergebnis 9 888 addiere (hinzufüge), so erhalte ich 10 000. Wie heißt die gedachte Zahl?

3. Vater kauft für Monika eine Stereo-Anlage. Er zahlt 640 DM an. Das ist der 5. Teil des Kaufpreises. Den Rest will er in 10 gleichen Monatsraten bezahlen. Nach 3 Monaten kann er aber eine Sonderleistung in Höhe von 192 DM aufbringen. Den verbleibenden Betrag begleicht er in monatlichen Raten zu je 400 DM.
   a) Wie viel DM kostet die Stereo-Anlage?
   b) Wie hoch ist die erste geleistete Monatsrate?
   c) Wie viele Monate muss Vater nach Ableistung der Sonderzahlung die Stereo-Anlage noch abzahlen?

Aufnahmeprüfung J

1. a) Welche Zahl ist um 14 789 größer als der Unterschied zwischen der kleinsten vierstelligen Zahl und der größten zweistelligen Zahl?
   b) Vergrößere den Unterschied der Zahlen 128 417 und 53 106 um den 7. Teil von 39 886 und ziehe vom Ergebnis die Hälfte von 5 608 ab!

2. Bestimme den Platzhalter in folgenden Gleichungen!
   a) $45\,268 - \square = 31\,570$
   b) $5\,698 \cdot \square = 256\,410$
   c) $8\,750 : \square = 350$

3. Ein Autorennen in Misano (Italien) geht über eine Gesamtstrecke von 420 km. Der Rundkurs ist dabei 35-mal zu durchfahren.
   a) Wie lang ist eine halbe Runde?
   b) Rennfahrer Roberto hat bereits 29 Runden gefahren. Wie viele Kilometer muss er noch bis zum Ziel zurücklegen?
   c) Das Auto des Siegers Bonetti benötigt 2 Stunden und 40 Minuten für die gesamte Wegstrecke. Welche Strecke fährt das Auto im Durchschnitt in 1 Minute?

4. Lebensmittelhändler Aumüller bestellte Traubensaft, die Flasche zu 3,75 DM. Bei der späteren Lieferung gewährte die Obstverwertungsgesellschaft einen Nachlass. Die Flasche kostete jetzt nur noch 3,50 DM. Die Rechnung erniedrigte sich dadurch insgesamt um 20 DM.
   a) Wie viele Flaschen Traubensaft wurden geliefert?
   b) Auf welche Höhe belief sich die Rechnung?

Aufnahmeprüfung K

1. Vervielfache die kleinste dreistellige Zahl, die du aus den Ziffern 4, 2 und 1 bilden kannst, mit der größten vierstelligen Zahl, welche die Ziffern 3, 6 und 7 enthält. Teile das Ergebnis durch 14!

2. Familie Gruber möchte sich einen Wohnwagen kaufen. Der Verkäufer verlangt als Anzahlung DM 4000 und dann 9 Monatsraten zu jeweils 370 DM. Anstatt dieser Zahlungsweise möchte Familie Gruber den Preis für den Wohnwagen ohne eine Anzahlung lieber gleich in 5 Monatsraten bezahlen. Wie hoch wäre dann eine Rate?

3. Auf dem Gutshof Horneck grasen auf der Weide 63 Schafe. Im Stall befinden sich 5 Hasen und im Gehege ist eine bestimmte Anzahl von Hühnern. Insgesamt haben alle Tiere 338 Beine. Wie viele Hühner laufen im Gehege umher?

4. Herr Sachs bestellt gewöhnlich für seine Familie beim Getränkegroßhändler eine gewisse Anzahl von Limonadeflaschen. Der Getränkevorrat reicht dann für 3 Wochen. Unerwarteterweise kommen für einige Zeit zwei Freunde zu Besuch. Nun werden pro Tag durchschnittlich 2 Flaschen Limonade mehr getrunken als bisher. Daher reicht der Getränkevorrat nur noch 14 Tage. Wie viele Flaschen hat Herr Sachs ursprünglich als Tagesverbrauch vorgesehen?

Aufnahmeprüfung L

1. a) Wie viel ist das 308fache von 872 größer als der 42. Teil von 239316?
   b) Zähle zum 14. Teil von 83552 den Unterschied der Zahlen 134716 und 89108 dazu!

2. Der Kartenverkauf für eine Zirkusvorführung brachte insgesamt 4183 DM ein. Verkauft wurden: 295 dritte Plätze zu je 4,50 DM, 320 zweite Plätze zu je 6,40 DM und 95 erste Plätze. Im Zirkus können 1000 Personen Platz finden.
   a) Wie viele Plätze blieben unbesetzt?
   b) Wie teuer war eine Eintrittskarte für den 1. Platz?

3. Während der Ferienzeit hat die Pension Alpenblick 36 Gäste. Das Gästehaus ist dreistöckig. Im 1. Stock wohnen 5 Personen mehr als im Erdgeschoss. Im 2. Stock wohnen wiederum 5 Personen mehr als im 1. Stock. Wie viele Gäste sind in den einzelnen Stockwerken untergebracht?

4. In einem Versuchslabor sollen 6 hl einer Flüssigkeit so in zwei Behälter abgefüllt werden, dass in dem einen Behälter die vierfache Menge enthalten ist wie in dem anderen. Es bleibt ein Rest von 25 l übrig. Wie viele Liter sind in jedem Behälter?

5. Herr Meisinger erinnert sich daran, dass früher alles viel billiger war. Früher musste er für einen halben Liter Bier 0,60 DM zahlen. Heute kann er sich für den Gesamtbetrag, für welchen er sich früher 3 Wochen lang jeden Tag einen halben Liter Bier kaufen konnte, lediglich eine Woche lang jeden Tag einen halben Liter Bier leisten. Welchen Betrag muss heute Herr Meisinger für einen halben Liter Bier zahlen?

Aufnahmeprüfung M

1. a) Ich denke mir eine Zahl, vervielfache sie mit 80, teile das Ergebnis durch 780 und erhalte 268. Wie heißt die Zahl?
   b) Von welcher Zahl muss man den 8. Teil von 89672 abziehen, um das 76fache von 508 zu erhalten?

2. Aus einer Kiste mit Kartoffeln können 86 Tüten mit je 8 kg gefüllt werden. Ein Lagerarbeiter füllt aber nur 35 Tüten. Die restliche Menge an Kartoffeln wird in kleinere Tüten mit je 5 kg abgepackt. In der Kiste bleibt ein Rest von 8 kg übrig.
   a) Wie viel kg Kartoffeln waren in der Kiste?
   b) Wie viele Tüten zu je 5 kg wurden abgefüllt?

3. Herr Kluger lässt an einer Tankstelle den 60-Liter-Tank seines Autos mit 24 l Benzin auffüllen. Der Tankwart gibt ihm von 40 DM 2,80 DM zurück.
   a) Wie teuer ist ein Liter Benzin?
   b) Der Automotor verbraucht auf 100 km 9 l Benzin. Wie weit hätte Herr Kluger noch fahren können, ohne nachzutanken?

4. Die Klasse 4b der Grundschule Puchheim-Süd hat 28 Schüler und will gemeinsam eine Tierschau besuchen. Damit 3 Schüler umsonst teilnehmen können, bezahlt jeder der übrigen Schüler zum Eintrittspreis zusätzlich noch 15 Pf. Wie teuer ist eine Eintrittskarte?

Aufnahmeprüfung N

1. Vervielfache die kleinste zweistellige Zahl, die du aus den Ziffern 9 und 5 bilden kannst mit der größten vierstelligen Zahl, welche die Ziffern 3, 4 und 7 enthält. Ergänze das Ergebnis zu 725604!

2. Zu Beginn des Winters lässt Familie Fuchs ihre drei Heizöltanks mit je 1500 l nachfüllen. Ihre 3-Zimmer-Wohnung wird während des Winters mit zwei Ölofen beheizt, von denen der größere täglich 12 l, der kleinere täglich 8 l Öl verbraucht. Nach 150 Heiztagen schaltet Herr Fuchs den kleineren Ofen ab und lässt nur noch den größeren in Betrieb. Nach wie vielen weiteren Tagen ist der Ölvorrat aufgebraucht?

3. Obsthändler Apfelbaumer erwirbt in der Großmarkthalle 55 Kartons Bananen zu 16,20 DM je Karton. In seinem Geschäft verkauft er am Freitag 20 Kartons zu je 21,80 DM. Am Samstag gibt er auf dem Wochenmarkt 26 Kartons zu je 19,50 DM und die restlichen Kartons schließlich zu je 18 DM ab.
   a) Für wie viel DM kauft Herr Apfelbaumer die Bananen ein?
   b) Welchen Betrag nimmt er beim Verkauf aller Kartons ein?
   c) Wie viel DM Gewinn erzielt der Händler, wenn seine Unkosten 45 DM betragen?

4. Herr Plaschke plant einen 14-tägigen Skiurlaub in der Schweiz und rechnet pro Tag mit einem bestimmten Betrag an Ausgaben. Im Urlaub benötigt er jedoch pro Tag im Durchschnitt 20 DM mehr, als er ursprünglich vorgesehen hat. Nach 10 Tagen reist er wieder ab, weil sein Geld aufgebraucht ist.
   a) Wie viel Geld hat Herr Plaschke in 10 Tagen ausgegeben?
   b) Mit welcher täglichen Ausgabe hat er ursprünglich gerechnet?

Aufnahmeprüfung O

1. Ich denke mir eine Zahl, teile sie durch 34 und verfünffache das Ergebnis. Zu diesem neuen Ergebnis zähle ich 150 dazu und erhalte genau 1 000. Wie heißt die gedachte Zahl?
2. Bernd besitzt eine Münzsammlung mit 68 Stücken. Sein älterer Bruder Robert sammelt schon seit längerer Zeit Münzen und hat daher bereits um die Hälfte mehr Geldstücke als Bernd besitzt.
   a) Wie viele Münzen hat Robert?
   b) Wie viele Münzen müsste Robert seinem jüngeren Bruder Bernd geben, damit beide gleich viel hätten?
3. Im Reiseprospekt kannst du lesen: Das Hotel Astoria am Gardasee verfügt über 30 Zimmer mit insgesamt 48 Betten. Weißt du, wie viele Einbettzimmer, bzw. Zweibettzimmer das Hotel Astoria besitzt? Überprüfe dein Ergebnis durch die Probe!
4. Norbert fährt öfters von Baldham aus mit seinem Fahrrad zu seinem Freund Werner nach dem 18 km 600 m entfernten Waldheim. Die Straße verläuft zunächst über eine 15 km lange Strecke ziemlich eben. Das letzte Teilstück muss er bergauf fahren. Auf der ebenen Straße legt er durchschnittlich 300 m in der Minute, bergauf dagegen nur 240 m in der Minute zurück. Norbert kommt um 12.17 Uhr in Waldheim an.
   a) Wann ist Norbert von Baldham weggefahren, wenn er unterwegs eine Pause von 20 Minuten eingelegt hat?
   b) Wie viel Stunden und Minuten braucht Norbert für die gesamte Strecke, wenn er zu seinem Freund fährt, ohne eine Pause einzulegen?

Aufnahmeprüfung P

1. Wenn ich die Hälfte einer Zahl durch 83 teile und zu diesem Ergebnis 214 dazuzähle, dann erhalte ich 500. Wie heißt die Zahl?
2. In der Spedition Schnell wird ein Lastkraftwagen mit folgenden Behältern beladen: 12 Kisten zu je 55 kg; 10 gleich schwere Kisten, auf welchen keine Gewichtsangabe steht; 18 Kartons zu je 35 kg. Wie viel kg wiegt jede Kiste ohne Gewichtsangabe, wenn der Fahrer unterwegs noch 3 t 900 kg zulädt und das Fahrzeug damit die Höchstbelastung von 7 t erreicht hat?
3. Ein Autofahrer erkennt auf der Autobahn schon von weitem einen Fahrzeugstau. Er liest seine augenblickliche Fahrgeschwindigkeit auf dem Tachometer ab. Sie beträgt 126 km in der Stunde. Bekanntlich vergeht bei einem auftretenden Hindernis die Schrecksekunde, bis der Fahrer zu bremsen beginnt.
   a) Welche Strecke würde das Auto in dieser Sekunde zurücklegen?
   b) Welchen Weg legt das Auto in der Schrecksekunde zurück, wenn es in der Stunde 90 km fährt?
4. Die Jugendgruppe „Schwalbe“ unternimmt eine dreitägige Radtour von Bamberg nach dem 335 km entfernten Innsbruck. Am 1. Tag legt sie 105 km zurück. Am Abend des 2. Tages meint der Gruppenleiter: „Es genügt, wenn wir morgen 50 km weniger fahren als heute.“ Wie viele Stunden Fahrzeit würde die Gruppe am 3. Tag benötigen, um ihr Ziel zu erreichen, wenn sie im Durchschnitt in der Stunde a) 18 km, b) 15 km zurücklegt?

Aufnahmeprüfung Q

1. a) Wie groß ist der Unterschied zwischen dem 75. Teil von 395 175 und dem 74fachen von 548?
   b) Vervielfache die Summe der beiden Zahlen 4 345 und 3 904 mit 86 und ziehe vom Ergebnis den 45. Teil von 306 405 ab!

2. Frau Meisel kauft sich ein Farbfernsehgerät zum Ratenpreis von 1 960 DM. Sie zahlt die Hälfte an und will den Rest in 10 Monatsraten begleichen. Nach 3 Ratenzahlungen erhöht sie die monatliche Rate und begleicht die Restschuld in 5 gleichen Monatsraten. Höhe der monatlichen Restrate?

3. Paul, Klaus und Horst haben zusammen den Betrag von 49 DM gespart. Paul besitzt 5 DM mehr und Klaus 8 DM mehr als Horst. Welchen Geldbetrag besitzt jeder?

4. Ein Wasserbecken fasst 45 hl. Es soll durch zwei Rohre gefüllt werden. Das erste Rohr liefert 5 Liter in der Sekunde. Das Becken wird durch beide Rohre in 5 Minuten gefüllt. Wie viele Liter in der Sekunde liefert das zweite Rohr?

5. Der Gesamtpreis für 15 l Superbenzin und 10 l Normalbenzin beträgt 40,35 DM. Das Superbenzin kostet pro Liter 9 Pf mehr als das Normalbenzin. Wie teuer ist 1 l Superbenzin, 1 l Normalbenzin?

Aufnahmeprüfung R

1. Teile die Zahl 395 382 durch 78 und stelle fest, um wie viel das Ergebnis kleiner ist als das 187fache von 2 109!

2. Herr Neumann fährt mit dem Motorrad in 20 Minuten 34 km, Herr Altdorfer mit dem Auto in 15 Minuten 30 km.
   a) Berechne, wer in der Stunde mehr Kilometer zurücklegt!
   b) Wie viel Meter in der Minute fährt der eine schneller als der andere?

3. Ein großer Tank fasst 30 hl Zitronenaromasaft. Ein Drittel der Flüssigkeit wird in einen kleineren Tank abgefüllt. Der Rest soll auf 40 gleich große Kannen verteilt werden. Nach dem Füllen von 15 Kannen stehen keine Behälter von dieser Größe mehr zur Verfügung. Es müssen nun größere Kanister verwendet werden, von denen jeder 15 l mehr enthält als eine Kanne. Wie viele Kanister müssen abgefüllt werden, damit der Tank leer wird?

4. Eine Schulklasse aus Stuttgart plant einen Schullandheimaufenthalt in der Lüneburger Heide. Die 30 Kinder erhalten einen Reisekostenzuschuss. Kurz vor Reisebeginn erkranken 3 Kinder. Dadurch erhält jedes der übrigen Kinder um 1,80 DM mehr. Wie viel Zuschuss sollte ursprünglich jedes Kind bekommen?

5. Eine Gruppe fährt mit der Seilbahn auf den Großen Laaber. Die Gesamtausgabe für die Seilbahnfahrt der 5 Erwachsenen und 6 Kinder beträgt 48 DM. Erwachsene zahlen doppelt so viel wie Kinder. Wie hoch ist der Preis für eine Erwachsenenkarte, eine Kinderkarte?

Aufnahmeprüfung S

1. a) Um wie viel ist das 56fache von 3068 größer als der 38. Teil von 192622?
   b) Verkleinere das 16fache von 12 um das 17fache von 11!

2. Die Brauerei Horneck in Niederbayern stellt 85 hl Bockbier her. Davon werden 42 Fässer zu je 1 hl sowie 38 Fässer zu je 50 l abgefüllt.
   a) Wie viele Flaschen zu je einem halben Liter Bier können von der Restmenge noch abgefüllt werden?
   b) Berechne die Gesamteinnahme für das Bockbier, wenn ein großes Fass 205 DM kostet, ein kleines Fass 112 DM, eine Flasche 1,45 DM!

3. Kaufmann Hanauer unternimmt von Stuttgart aus eine viertägige Geschäftsreise ins Ruhrgebiet. Am 1. Tag legt er mit seinem Auto 276 km zurück, am 2. Tag 10 km weniger als am 1. Tag, am 3. Tag 34 km mehr als am 2. Tag.
   a) Wie viel km hat er am 4. Tag zurückgelegt, wenn er insgesamt 1000 km gefahren ist?
   b) Wie viele Liter Benzin verbraucht das Auto am 3. Tag, wenn er mit 9 l 100 km weit fahren kann?
   c) Berechne die gesamten Benzinkosten, wenn 1 l Benzin 1,56 DM kostet!

Aufnahmeprüfung T

1. Berechne den 8. Teil von 19264 und vervielfache 5169 mit 18. Zähle beide Ergebnisse zusammen. Du erhältst dann den 6. Teil einer anderen Zahl. Wie heißt diese Zahl?

2. Christian fährt mit dem Rad um 9.12 Uhr von Weiden ab, um seine Tante in Wunsiedel zu besuchen. Er legt in der Stunde 20 km zurück und gelangt um 12.57 Uhr am Zielort an. Unterwegs rastet er jeweils eine halbe Stunde und eine Viertelstunde.
   a) Wie weit ist die Strecke von Weiden nach Wunsiedel?
   b) Am nächsten Tag möchte er um 18.30 Uhr wieder daheim sein. Wann muss Christian von Wunsiedel wegfahren, wenn er die Heimfahrt ohne Pause schaffen und stündlich 15 km zurücklegen will?

3. Für eine Expedition werden unter anderem 100 Fleischkonserven benötigt. Die Dosen werden wie folgt angeboten: 1 Packung mit 4 Dosen, 1 Karton mit 4 Packungen, 1 Kiste mit 4 Kartons. Der Expeditionsleiter nimmt beim Einkauf jeweils die größtmögliche Verpackung. Wie viel Stücke von jeder Verpackungsart lässt er sich geben?

4. Wegen einer Panne musste der Rennfahrer Damon Hill während des Rennens an der Box einen Halt einlegen. Nach dem Rennen, welches eine Stunde dauerte, stellte er fest, dass er für eine Runde durchschnittlich 120 Sekunden benötigte.
   a) Wie viele Runden hatte er zurückgelegt?
   b) Rennfahrer Michael Schuhmacher hatte nach Beendigung des Rennens 6 Runden Vorsprung vor Fahrer Hill. Wie viele Sekunden pro Runde war Schuhmacher durchschnittlich schneller?

Aufnahmeprüfung U

1. a) Zähle das Ergebnis aus dem Produkt der Zahlen 72 und 18 zum 8. Teil von 2 128.
   b) Vervielfache die Summe der Zahlen 37, 53 und 33 mit 56. Ziehe vom Ergebnis 5 379 ab.

2. Klaus hat mit seinem Fahrrad für 72 km 4 Stunden gebraucht. Bernd ist dagegen eine Strecke von 63 km in 3 Stunden gefahren.
   a) Wie viel Kilometer ist jeder in einer Stunde gefahren?
   b) Wie viel Meter hat jeder in einer Minute zurückgelegt?

3. Familie Schuster erbt ein Grundstück und will sich darauf ein Haus für 420 000 DM bauen. Ein Fünftel des Kaufpreises wird als Eigenleistung angezahlt. Der Rest wird über eine Hypothek und ein Bauspardarlehen finanziert. Die Hypothek ist doppelt so groß wie das Bauspardarlehen. Wie groß sind die Eigenleistung, die Hypothek und das Bauspardarlehen?

4. Für das Eindecken eines Daches werden 15 300 Ziegel benötigt. Mit einem Lastwagen, der 900 Ziegel befördern kann, wurden bereits 8 100 Ziegel geliefert.
   a) Wie oft ist der Lastwagen bereits gefahren?
   b) Wie viel Ziegel fehlen noch?
   c) Wie oft muss der Lastwagen noch fahren?

Aufnahmeprüfung V

1. Ich denke mir eine Zahl und teile sie durch 17. Dann zähle ich 27 dazu und versiebenfache das Ergebnis. Es kommt 294 heraus. Wie heißt die gedachte Zahl?

2. Die Schüler von drei 4. Klassen benötigen für den Schulausflug 3 Busse mit je 35 Plätzen. Insgesamt bleiben 17 Plätze frei. Die Fahrtkosten betragen 528 DM.
   a) Wie hoch ist der Fahrpreis für einen Schüler?
   b) Wie hoch wird der Fahrpreis für einen Schüler, wenn die Schulleitung einen Zuschuss in Höhe von 88 DM gibt?

3. Die Pumpe des Tankwagens schafft 125 l Öl in einer Minute. Nach 12 Minuten ist der Öltank zu einem Viertel gefüllt.
   a) Wie viel Liter fasst der ganze Tank?
   b) Wie lange muss die Pumpe laufen, wenn nur 4 500 l Öl getankt werden sollen?

4. Beim Wasserwerk fasst ein Ausgleichsbehälter 160 hl. Wenn der Behälter nur noch zu einem Viertel gefüllt ist, schaltet sich der Zulauf (100 l in einer Minute) automatisch ein. Der Ablauf mit 40 l in einer Minute ist immer göffnet.
   a) Wie lange dauert es, bis der Ausgleichsbehälter voll ist?
   b) Nach 2 h 40 min fällt die Pumpe wegen Stromausfall aus. Wie voll wurde der Ausgleichsbehälter?